——————— 님께,

당신이 선택한 '꿈'의 이정표대로

오늘 그리고 내일을 열어갈

당신을 진심으로 응원합니다!

20 . . .

——————— 드림

일 년에 한 달을 여행하는 빵 가게

히피스베이글

|

김민경

|

리얼북스

서른에 직장을 그만두고, 약 6개월간 홀로 떠난 배낭여행은 내 인생에 적지 않은 영향을 끼쳤다. 다양한 여행자들을 만나고 이야기를 나눴는데, 그중 놀랍고 부러웠던 사람들이 있었다. 일을 그만두지 않고, 직장을 유지하면서 일 년에 한 달 정도 여행을 다니는 사람들이었다. 그런 사람들과 이야기를 해보니 나와 다른 세상에 사는 사람 같았다.

아! 나도 저렇게 살 수 있다면 얼마나 좋을까? 짧게는 2주, 길게는 한 달 이상 여행을 하고도 되돌아갔을 때 '내 자리', '나의 일'이 기다려준다면 얼마나 든든하고 행복할까. 일 년에 한 달을 여행하며 살 수 있는 마음의 여유와 금전적인 여유가 있다면, 꽤 행복한 인생이지 싶었다.

그때부터, 내 인생의 목표 중 하나가 '일 년에 한 달을 여행하기'가 되었다. 하지만 한 달씩 휴가를 주는 회사는 들어본 적이 없을뿐더러, 그런 회사가 설령 있다 하더라도, 내가 그런 회사에서 뽑아줄 만한 사람은 아니었다.
결국, 일 년에 한 달을 여행하려면, 나 자신에게 한 달의 휴가를 줄 수 있는 시스템을 만드는 것이 방법이라고 생각했다.

회사를 그만둘 때부터 제대로 된 창업을 해 보자는 것이 계획이었다. '내가 원하던 창업을 하고, 거기에 꿈꾸는 라이프스타일을 맞춰 한 달을 여행하는 것은 어떨까?' 하여 시작하게 된 것이 지금의 히피스베이글이다.
그렇게 시작한 히피스베이글이 벌써 네 번째 생일을 맞았고, '일 년에 한 달을 여행하기' 역시 네 번째 여행을 잘 다녀왔다.

나에게 여행은 단순히 보고 먹고 즐기는 것 이상이다. 한 달의 여행을 계획하기까지 포기해야 하고 준비하고 고민해야 하는 모든 과정이 생각보다 즐겁다. 쉽게 진행되기는 어려웠지만, 그런 시간때문에 나는 성장했다. 내가 살고자 하는 방향을 선택하고 그것을 위해 노력하는 한 해 한 해의 과정은 나의 자존감을 더욱 깨어나게 했다.

"아! 나는 참 잘살고 있구나!"
"나는 마음먹으면 할 수 있구나."
"나는 생각하는 대로 사는 사람이구나."

여행하며, 새로운 음식을 먹어보고, 빵 투어를 다니다 보면, 새로운 베이글에 대한 아이디어들도 떠올랐다. 돌아가서 새로운 메뉴를 테스트하고 싶거나, 나를 기다리고 있는 나의 자리와 일이 그리워질 때가 있다. 그토록 좋아하는 여행을 하면서 내 자리를 그리워할 줄은 꿈에도 몰랐다. '난 참 복 받은 사람이다' 싶은 생각이 드는 순간이다.

장사를 하면 쉬는 시간도 없고, 휴가도 못 가고, 직장인들보다 훨씬 힘들다고 한다. 나는 그러지 않기로 결정하고, 나의 라이프스타일에 맞춰 장사하기로 선택했다.

그렇게 나는 일 년에 한 달을 온전히 여행하고 있다.

| 차례 |

Chapter 03
베이글만
굽고,
베이글만
먹었다

Chapter 04
일 년에
한 달을
여행하는
빵 가게

Chapter 01

꿈꾸다, 창업을

잘 할 수 있는 일을 하기로 했다

—

하기 싫은 건 절대 못 해

hippie's
bagel

학창시절, 수업시간에는 졸고 시험 기간에만 벼락치기 공부를 하던 학생이었다. 막연히 좋은 대학에 가야 돈을 많이 벌고 사회에서 인정을 받겠다는 생각은 했지만, 공부해야 하는 목표나 동기는 전혀 없었다.

목표라고 해봤자 눈앞에 보이는 점수와 등수였고, 그런 것들은 나에게 동기부여가 되지 못했다. 책상에 앉아 있어도, 잡생각이 많고 주의가 산만했다.

억지로 책상에 앉아 나름 고군분투했지만, 시간과 비례하지 않는 결과는 늘 실망하게 했고, 나는 머리가 나쁘다고 결론짓게 했다.

하기 싫어 억지로 하는 공부였기에 효율적인 방법이 무엇인지 찾아내지 못했다. 그저 책상에 앉아서 시간이나 때운 것에 보람을 느끼며 '나는 할 만큼 했다'고 체념했다.

그럴 바에야 차라리 신명 나게 놀기나 할 걸 뭣 하러 스트레스받으며 책상에 앉아 있었나 싶다.

여름방학 때 실습을 나갔던 여행사에 입사했다. 공채로 들어가려면 경쟁률이 꽤나 높아 서류전형에서 탈락했을 텐데 실습을 했었던 인연으로 상시채용의 기회를 얻었다. 3차 면접에서 '왜 우리 회사에 들어오고 싶냐'는 질문에, '여행을 정말 좋아한다'고 했다.

억지로 책상에 앉아 나름 고군분투했지만,
시간과 비례하지 않는 결과는 늘 실망하게 했고,
나는 머리가 나쁘다고 결론짓게 했다.

일본 사업본부의 여행 패키지 상품을 만드는 부서에 배치되었다.
나의 로망은 이국적인 유럽이나 미주, 호주, 남미나 특수지역(아
프리카)이었으나 내가 선택할 수 없었다.

입사 초반엔 회사 유니폼을 입고 사원증을 목에 걸고, 점심시간
에 테이크아웃 커피 한잔을 들고, 광화문 주변을 활보하며 직장인
이라는 만족감을 느꼈다. '선배님, 선배님' 하면 선배들이 신입사
원이라고 밥도 사주고 커피도 사주고 회식도 했다. '아! 이런 것이
드라마에서나 보던 직장인의 로망이지!'라며 잠시나마 행복했었
다.

대부분의 선배는 회사의 규모나 위치에 만족하는 듯했다. 월급이
어떻든, 하는 일이 어떻든, 회사의 시스템이 어떻든 '어디 회사 다
녀요'라고 말할 수 있는 것에 만족하는 듯했다.

나도 동료나 선배들처럼 그런 것에 만족할 수 있을 것으로 생각했
고, 그때만 해도 열심히 일 잘하고 인정받아서 나도 차장님, 부장
님처럼 승진하는 날이 오리라 꿈꿨다.

입사 후 야근은 시작되었고, 6시 정시 퇴근은 한 달에 다섯 손가락에 꼽도록 드물었다. 일하느라 야근하는 날은 그나마 시간이라도 잘 갔다.

할 일이 없어도 사장님의 눈치를 보며 퇴근 못 하는 부장님, 부장님의 눈치를 보며 퇴근 못하는 차장님, 그런 차장님의 눈치를 보며 퇴근 못 하는 대리님에 이어 주임, 선배를 따라 덩달아 눈치를 보며 퇴근을 못 하고 일하는 척했다. 분주히 타자를 치며 채팅으로 퇴근하지 않는 사장님을 흉보거나, 의미 없는 수다들로 무려 2~3시간을 보내는 것이 나에겐 정말 고통 그 자체였다.

여행사를 다닌다고 하면 누구나 '여행 많이 다니시겠어요!!'라는 말을 한다. 나도 여행사에 들어가면 여행을 많이 할 수 있을 줄 알았다. 하지만 내가 담당한 일본 지역이 아니면 출장도 갈 수가 없었다. 출장으로 그 지역의 주요관광지들을 짧은 시간 안에 모두 둘러보고 '나 여기 와봤다'는 인증샷을 찍어야 했다. 또 단체로 정해진 밥을 먹고, 밤에는 호텔 안에 처박혀 있어야 했다.

회사에 초특가 항공권이나 티켓이 나온다고 해도 나에게 여행을 갈 수 있는 시간까지 주어지는 것이 아니기에 무용지물이었다.

여행을 좋아해서 들어갔던 첫 회사는 내가 동기부여를 가질 그 무엇도 느끼지 못했기에 점차 흥미를 잃어갔다. 첫 직장은 나에게

스트레스로 인한 편도선염을 안겨줘 대학병원을 한 달 내내 다니게 했고, 엎친 데 덮친 격으로 예전에 고생했던 신경성 과민대장증후군까지 함께 왔다.

나는 회사에서 인정받지 못하는 직원이었다. 나름 만회해 보려고 발버둥 쳐봤지만, 여행사 일 자체에 흥미를 느끼지 못해 주어진 것 이상을 하려고 노력하지 않았다. 당연히 별 볼 일 없는 성과를 내는 별 볼 일 없는 직원이었다.

맘고생이 심했던 일본 사업본부에서 운 좋게도 '꿀 부서'로 옮기게 되어 한가롭고 여유롭게 칼퇴근하게 되었다. 내가 일에 애정을 품고 있었다면 좌천이었겠지만, 한적한 부서로 발령이 난 것이 날아갈 것처럼 기쁘기만 했다.

시간이 갈수록 온종일 하는 일 없이 주어진 시간을 회사에서 인터넷 쇼핑이나 채팅으로 보내는 것은 너무나 무료했다. 몸이 아무리 편해도 지루하고 하기 싫은 건 또 견디기 힘들었다.

결국, 2년 반 만에 고통스럽고 지루했던 첫 회사를 나오게 되었다. 고통스러웠던 직장 생활에서 아주 값진 교훈을 얻었다. '여행을 좋아하면 돈 많이 벌어서 내가 가고 싶을 때 가자'

첫 회사를 나온 후 약 5개월간 우연한 기회로 초기 자본금 없이 장사를 경험했다. 그리고 장사를 본격적으로 하기 위해서는 자본금이 필요하다는 것을 절실히 깨달았다. 그래서 두 번째 회사는 오로지 돈을 모아야겠다는 목표로 전공과 전혀 상관없는 곳에 취업했다.

두 번째 직장은 이동전화 상담센터로 모바일이나 웹사이트에 문의가 오는 것들을 메일로 답변하는 업무를 했다.
이전 직장에서 일이 없어도 윗사람이 퇴근을 못 하면 함께 퇴근을 못 하고 야근과 술을 강제로 권하는 잦은 회식에 지쳐버렸었다. 그래서 야근과 회식이 없고 자기에게 주어진 일만 끝내면 만사 OK!의 상담센터를 선택했다. 무엇보다 일에 대한 평가체계가 잘 되어 있어, 기본급 이외에 인센티브 형식으로 추가 수당을 받았다. 창업을 위해 자본금을 만드는 나에게 상당한 메리트가 있었다.

내가 좋아해서 선택한 일은 아니었지만, 첫 직장과 다른 점이 하나 있었다. 두 번째 직장을 구한 목표와 목적이 뚜렷했다. 바로 '돈'이었다. 또 연차가 쌓여야 급여가 오르는 여행사와 달리 인센티브제는 나와 잘 맞았다. 돈을 모으겠다는 목표가 생기니 일에 집중이 잘 되었고, 평가를 잘 받아 매월 기본급 이외의 수당을 챙겨가는 재미가 쏠쏠했다.

돈을 벌기위 한 수단으로 삼았던 일이었기에 버는 돈을 허튼 곳에 쓰면 안 된다고 생각했다. 아침에 출근하며 단돈 천 원짜리 커피우유 하나 가지고도 사 먹을까? 말까? 고민하다 결국 회사에 비치된 커피믹스로 대리만족을 했다. 점심 비용도 줄이려 도시락을 싸서 다녔으며, 쉬는 날에도 친구를 만나지 않고 도서관에 가서 시간을 보냈다.

지출과 수입 관리하느라 가계부를 쓰고 있었는데 일 년 동안 화장품, 옷, 머리 하는데 쓴 돈이 30만 원이 되지 않은 것을 보고 내가 혀를 내두를 정도였다. '1억만 모으면 회사를 나가리라!' 매월 차곡차곡 쌓이는 적금과 통장 잔액을 보며 굳게 다짐했지만, 나에게 또다시 시련이 찾아왔다.

돈을 모으겠다는 목표가 생기니
덩달아 일에 집중이 잘 되었고, 평가를 잘 받아
매월 기본급 이외의 수당을 챙겨가는 재미가 쏠쏠했다.

상담센터 대부분 사람들은 여행사 사람들과 다르게 직업에 만족하지 못하는 사람이 많았고, 툭하면 회사를 그만두겠다는 분위기였다. 퇴사율도 상당히 높았다. 나보다 오래 다닌 분 대부분이 '10년을 일해도, 15년을 일해도 달라지는 것 없이, 그만두지 못해서 다녔는데 시간이 이렇게 흘렀다'라고 했다.

그런 이야기를 들을 때마다 10년 뒤 나의 모습이라고 생각하니 정말 끔찍했고 꿈도 미래도 없는 것 같았다.

목표와 열정이 있지만, 이곳에서 더 시간을 보내다가는 꿈도 목표도 저렇게 시들해져 그만둘 용기를 내지 못하는 것이 아닐까? 목표로 했던 1억 원에는 턱없이 부족한 3천500만 원 밖에 없었지만 돈보다 중요한 건 내 열정과 꿈이라고 생각해 예상보다 빨리 꿈의 전선에 뛰어들기로 했다.

일은 재미없었지만 첫 직장과 비교해 야근과 회식이 없어 감사했다. 목표한 돈을 조금이나마 빨리 모을 수 있게, 인센티브를 주는 것에도 정말 감사했다.

회사 동료들과 이야기하거나 회식할 때도 '회사를 그만두고 싶다'는 말을 입 밖으로 꺼내지 않았다. '그만두고 싶다.'를 한번 내뱉어버리면 말이 씨가 되어 목표를 달성하지 못한 채 그만둘 것 같아 두려웠다.

내가 내뱉는 말은 나에게 영향을 끼친다. 내가 내뱉는 말은 내 생각을 지배한다고 생각한다. 서른을 일주일 앞둔 12월 사직서를 들고 팀장님께 말씀드렸다. '저 회사를 그만두겠습니다. 여행을 가려고 2월에 비행기 티켓도 끊어 놨어요' 2년 반 만에 그렇게 나는 두 번째 직장을 그만뒀다.

반짝이던 10대는 하기 싫은 공부를 하는 척만 하다가 마쳤고, 좋아하는 일이라 착각(?)했던 첫 번째 직장은 어떤 보람이나 동기부여도 주지 못한 채 20대의 절반을 소비했다.
5년의 직장 생활은 나에게 '어서 이곳을 탈출해서 하고 싶은 걸 하라'는 용기를 더욱더 키워주었다.

서른, 하고 싶지 않지만
억지로 참고해야 했던 일들을
깨끗이 정리하기로 했다

서른, 하고 싶지 않지만 억지로 참고해야 했던 일들을 깨끗이 정리하기로 했다. 내 인생 최대의 터닝 포인트, 서른 살의 나는 용감했고, 결단력 있었다. 그때부터 나는 좋아하고 잘 할 수 있는 일들을 찾아보기로 했다.

묻지도 따지지도 않고 창업을 하다
–

비공식적인 첫 사업의 실패

여행사를 다닐 적, 세계 금융위기가 닥쳐 여행업을 하는 회사에도 경제적 위기가 찾아왔다. 전 직원의 월급을 당분간 삭감하겠다는 소문이 현실이 되었고, 내 월급이 50만 원이나 줄었다. 충격이었다. 직장생활의 유일한 희망이자 원동력인 월급이 줄다니, 회사를 그만두어야 하나 심각하게 고민했다.

직장의 설렘과 꿈, 희망은 드라마 속 장면이 된 지 오래고, 내가 직장생활을 유지하는 이유는 딱 두 가지였다. '적어도 2년은 해야 어디 가서도 새 직장 구하기 수월하다고 하니까', '그래도 월급은 제때 나오고 있으니까'였다. 나의 적금 만기일에 차질이 없어지려면 수익이 더 필요했다. 하지만, 경제상황이 좋지않아 이직이나 신규채용도 어렵다고 하니 '투잡'을 해 삭감된 50만원을 채워보기로 했다.
마침 칼 퇴근이 가능한 강남 영업소로 발령이 난 덕에 회사에서 멀지 않은 독일식 생맥주 가게에서 저녁 아르바이트를 시작했다.

회사 퇴근 후 7시부터 11시까지 일을 해 피곤할 법도 했지만, 컴퓨터 앞에서 온종일 앉아있어 굳었던 몸이 오히려 개운해지는 것 같았다. 회사에서와 달리 시간도 빨리 가고, 일상에 생기를 찾은 듯했다.

두세 달 지난 어느 날, 호프집 사장님이 나에게 제안을 했다.

"점심 장사 한번 해볼래?"

호프집이라 저녁 5시부터 준비를 하고 새벽까지만 장사했기에, 오전과 점심시간에는 가게가 비어있었다. 그 시간에 '점심장사'를 책임지고 해보지 않겠냐는 제안이었다.

20대 초반부터 장사하는 것에 관심이 많았던 나에겐 그 제안이 너무 솔깃했다. 나는 '기회가 오면 놓치지 말자'는 주의여서, 고민하지도 않고, '한번 해 보겠다'고 했다. 동시에 꿀 부서 여행사에도 사직서를 냈다.

강남구청 근처 오피스텔 건물 1층에 위치했던 매장은 복층으로 4인 테이블이 8개 정도 있었다. 역세권으로 월세가 450만 원인 꽤 비싼 자리였다.

난 오전 9시부터 오후 4시까지 장사를 하고, 주방 집기와 그릇 등을 함께 사용하는 조건으로 월세 150만 원을 부담해야 했다. 초기 자본금이 들지 않았고, 사장님이 창업 준비금도 200만원 지원해준다고 하여 시작하기로 했다.

매달 월세 150만 원만 내면 나는 점심시간에는 '사장'이 되는 거였다. 무엇보다 가장 끌렸던 것은 호프집 사장님이 돈가스를 만들어 점심 장사를 한 달여 동안 하고 있었고, 반응도 괜찮아 손님도 느는 중이었다.

내가 조리를 담당해 호프집 사장님이 개발한 돈가스를 배웠다. 매일 그날그날 주문한 고기를 두들겨 연육하고, 특제소스에 재워 준비한 돈가스를 다음날 튀겨서 나갔다.

그냥 돈가스라고 하면 너무 평범한 것 같아서 돈가스 소스에 간마늘을 듬뿍 넣고 웰빙 갈릭 돈가스라고 팔았다. '웰빙 갈릭 돈가스 5,500원' 단품으로 시작해 얼마 뒤 고기의 양을 늘려 '두툼 갈릭 돈가스 6,500원'으로 바꿨다. 매출이 이전보다 올라가는 것이 보였고, 원하는 대로 시도하고 반응을 살필 수 있는 것이 흥분되고 즐거웠다.

손님은 날이 갈수록 늘어갔고, 심지어 줄 서 있는 손님까지 있었다. 호프집 영업시간에 찾아와 돈가스가 맛있는데 포장이 가능하냐는 손님까지 있을 정도였다. 아! 이런 것이 장사하는 즐거움이구나!

12시가 '땡' 하면 손님들이 몰려왔기에 조리하는 나와 샐러드, 밥, 반찬 등을 세팅하는 주방보조 그리고 시중드는 사람까지 최소 3명은 필요했다. 때마침 백조였던 친구와 입대를 준비 중이라 쉬고 있던 친동생과 함께 일을 했는데 꽤 잘 맞았고, 서로 파이팅 넘치게 일했다.

그렇게 첫 달은 내 장사를 한다는 사실만으로 너무 행복했다. 힘든 줄을 모르고 밤잠을 설치며, 새로운 아이디어를 생각하고 즐겁게 일했다. 손님도 꽤 늘어 마치 꿈을 이룬 것처럼 행복했다.

밤잠을 설치며,
새로운 아이디어를 생각하고
즐겁게 일했다. 손님도 꽤 늘어
마치 꿈을 이룬 것처럼 행복했다.

하지만, 첫 달 나에게 돌아오는 수입이 없었다. 첫 달보다 둘째 달에 손님이 훨씬 늘었지만 역시나 수입은 거의 없었다. 석 달째도 마찬가지였다. 넉 달째는 엎친 데 덮친 격으로 구제역 파동으로 손님이 줄어 거의 마이너스였다.

마이너스가 나는 이유를 파악해 보니 이랬다. 오피스 근처 점심 장사의 특성상 직장인들이 대부분 12시~1시에 한 번에 몰려왔지만, 테이블 수가 8개 정도로 한정되어 한꺼번에 많은 손님을 받을 수가 없었다. 그 시간에만 정신없이 바쁘고 다른 시간은 한가했던 탓에 테이블 회전율이 높지 않았다.
한꺼번에 몰리는 손님 때문에 혼자 서빙, 셋팅, 조리까지 하는 것은 불가했고, 최소 3명은 필요했다. 어쩔 수 없이 월세 150만 원에 직원 2명 월급을 주며 가게를 이끌어 가야 했다. 아무리 점심시간에 손님들이 줄을 서도 그 짧은 시간에 많이 팔아봤자 나에게 돌아오는 수입은 없었다.

처음에 돈가스 단일메뉴로 시작했던 것이 내가 점심 장사를 맡고 난 이후 돈가스의 느끼함을 덜 해줄, 환상적인 궁합인 매콤 상큼한 해초 비빔밥, 해초 비빔밥+돈가스 세트를 출시했고, 그 외에도 메밀국수, 두툼 돈가스 등이 늘어났다. 새 메뉴에 대한 좋은 반응에 비례하지 않게 한정된 시간과 공간이 주는 한계에 부딪혀 정해진 점심시간의 테이블 회전율을 높이는 것은 불가능했다.

단일메뉴로 시작하여, 실증을 느끼는 손님들을 잡느라 메뉴를 늘리고, 손님의 선호도에 따라 고기의 두께도 다르게 해보고, 커피와 함께 저렴하게 판매하는 프로모션 등 다양한 아이디어를 생각나는 대로 바로바로 적용하며 노력해 봤다. 5개월째에 접어들면서도 나에게 돌아오는 수입이 없자 심신이 지칠 대로 지쳤고 한계가 왔다.

계속 수입이 없으니 내가 지금 뭐 하는 건가 싶고, 일도 점점 힘에 부쳤다. 그럴 때마다 '그래도 나는 정말 좋은 기회를 잡은 거야' 다른 사람들은 처음 창업하면 목돈을 투자하고, 빚도 지는데 나는 손해 본 것은 거의 없었으니 복 받은 거라며 자기최면을 걸었다.

첫 도전이었기에 부정하고 싶었지만, 아무리 계산을 해봐도 수익을 내기가 힘들 것 같은 상황이 예측되었다. 5개월을 끝으로 '더 유지하기는 어려울 것 같아, 그만둬야겠다'고 호프집 사장님께 넌지시 고했다.

나중에 이야기를 들어보니, 내가 나간 후 호프집 사장님이 직접 점심 장사를 맡아 했지만, 수익이 별로 나지 않아 얼마 후에 점심 장사를 접었다고 했다.

결과적으로 그 가게에서 점심 장사는 수익을 내기가 어려운 구조였다. 수익은 얼마나 되는지, 앞으로 수익이 점점 더 늘어날 수 있는 구조인지 등은 고려하지 않고, 목돈이 드는 일이 아니니 한번 해보자고 생각했던 무모함이 부른 결과였다.

창업 초기비용이 적고 시작하기 쉬운 프렌차이즈를 선택하는 사람들과 비슷한 생각으로 시작을 했던 셈이다.

이렇게 하면 결국 망하는 거구나, 나 같은 경우는 비용이라도 적게 들었지, 나와 비슷한 생각으로 창업을 시작했던 누군가는 나보다 큰 비용을 치루면서 인생의 쓴맛을 배웠을 거라 생각하니 마음 한구석이 씁쓸해졌다.

인건비로 고생하지 않도록,

나 혼자의 힘으로 꾸려갈 수 있는 규모로,

월세는 부담되지 않는 곳,

시간과 공간의 제약이 최소화되는

그런데도 불구하고, '실패는 성공의 어머니'라 하지 않는가. 약 5개월간 '묻지마 창업'을 하며 고군분투하는 동안 많은 교훈과 재창업의 기초를 새롭게 다졌던 아주 값진 경험이었다. 초기부터 인건비로 고생하지 않도록, 나 혼자의 힘으로 꾸려갈 수 있는 규모로, 월세는 부담되지 않는 곳, 시간과 공간의 제약이 최소화되는 나만의 공간에서 반드시 재창업을 하겠다는 가이드라인이 생겼다.

그때의 실패는 창업에 대한 갈증을 더욱 불러일으켰고, 재창업의 목표가 생긴 후 들어간 두 번째 회사는 감회와 각오가 이전과는 전혀 달랐다. 시도 때도 없이 창업해야겠다는 욕망에 불타올랐다. 창업을 위한 본격적인 준비가 시작되었다.

\#

실패는 하나의 옵션이다.

만약 무언가 실패하고 있지 않다면,

충분히 혁신하고 있지 않은 것이다.

- 엘론머스크 -

첫 창업을 용감하게 시작하다

-

그렇게 5년의 직장생활을 마쳤다

직장생활은 별다를 것 없이 반복되는 일상 속에서 계절과 해가 바뀌는 속도는 KTX 열차급인데 통장의 잔액이 늘어나는 속도는 아주 서서히 걸어가는 것처럼 느껴졌다.

두 번째 직장생활을 했던 회사는 월급은 제때 나오나, 비전과 미래가 없어 회사에 있는 직원들 대부분이 시들시들했다. 그 분위기에서 더 일하다간 타성에 젖어, 창업이고 뭐고, 내 인생도 생기와 반짝임을 잃고 시들 것 같았다. 내 꿈도 사라질 것 같아 불안했다.

5년간 직장생활을 했지만, 직장에서의 일과 시스템에 재미를 느끼지 못했다. 직장에 적응하지 못하니 창업이 점점 삶의 목표가 되어 악착같이 돈을 모았다.

내 꿈이 반짝반짝 빛나는 때에 '한시라도 빨리 창업을 하는 것이 낫겠다'는 생각이 들었다. '돈 없어서 가게를 못 얻을 것 같으면 푸드 트럭이라도 하지 뭐!' 그렇게 5년의 직장생활을 마쳤다.

버킷리스트에 있던 혼자서 장기 배낭여행을 약 6개월간 했다. 장기 배낭여행을 마치고 돌아오니 현실에 적응하는 것이 생각만큼 쉽지는 않았다. 자유로운 영혼에서 현실에 적응하기까지 생각보다 꽤 많은 시간이 걸렸다. 이때부터 히피스베이글의 '히피'를 나의 브랜드에 넣어야겠다고 생각했다. 그렇게 여행에서 돌아오니 통장의 잔액은 확 줄어 있었다.

꿈이 반짝반짝 빛나는 때에
'한시라도 빨리 창업을 하는 것이 낫겠다'는
생각이 들었다.
그렇게 5년의 직장생활을 마쳤다.

무엇을 배워볼까 알아보던 중 지인을 통해 파스타 가게를 운영하는 전 조선호텔 쉐프님의 가게를 소개받았고, 무급으로라도 설거지를 하며 주방에서 일해 보겠다고 했다.
약 2달간 일해 보았지만, 파스타는 내가 그리 좋아하는 음식도 아닐뿐더러 이런저런 사항들이 맞지 않아 그만두게 되었다.

그 후 예전부터 관심이 많아 취미로 독학으로 베이킹 했던 것을 본격적으로 배워보려 알아보는데, 비용이 만만치 않아 아르바이트라도 해야 하나 고민하던 중 '내일 배움 카드'를 알게 되었다.
내일 배움 카드란, 직업훈련을 원하는 구직자 또는 실업자에게 정부에서 발급해 주어, 일정 금액(약 이백만 원, 나의 경우 당시엔 의료보험 내역 증빙 등으로 저소득층이 확인돼서 삼백만 원 지원을 받았다)을 지원해주는 제도다.

총훈련비의 25%는 본인 부담이지만, 75%에 대한 금액은 정부에서 한도 내에서 지원해 주었다. 또 취업(창업) 성공 장려금이라고 하여, 취업 또는 창업을 하면 백만 원을 현금으로 받을 수가 있었다. 얼마나 고마운 제도였는지, 정말 없는 살림에 내일 배움 카드 지원금 삼백만 원과 취업 성공으로 백만 원 지원까지 받았다.

'내일 배움 카드'를 받은 과정에서 담당자에게 진로 상담 및 진로 유형 테스트를 받았는데 자영업이 정말 잘 맞는다는 결과가 나왔다. 이렇게 잘 맞게 나오는 경우가 많이 없다고 하여 나의 꿈에 더욱 힘이 실렸다.

내일 배움 카드로 배울 수 있는 학원은 별도로 정해져 있었지만, 정해져 있는 중에도 내가 배우고 싶어 하는 베이킹이나 요리는 옵션이 꽤 다양해 선택해서 배워 볼 수가 있었다. 내가 처음으로 배운 베이킹은 '데코레이션 케이크'였다. 특별 주문 제작 케이크로 아이들을 위한 마론인형 케이크, 자동차 케이크, 특별 주문 케이크, 플라워케이크 등을 배우고, 취미반과 전문가 과정 모두를 이수했다. 지금도 배우려면 상당한 비용이 들지만, '내일 배움 카드' 덕분에 부담 없이 시작할 수 있었다.

6개월 정도의 '데코레이션 케이크' 과정을 배우면서 연습 삼아 지인들에게 선물도 많이 했다. 내가 케이크를 만든다는 것이 알려지자 지인들이 케이크 주문을 많이 해주어, 같이 배운 다른 강습생들보다 훨씬 더 많은 연습을 할 수가 있었다.

그렇게, 배우고 연습하고 판매했던 경험을 바탕으로 지금의 히피스베이글을 하기 이전에 플라워케이크클래스, 키즈클래스, 특별주문 케이크를 제작해주는 베이킹 공방을 딱 1년 운영했다.

나름대로 계산을 해보니 창업에 큰 비용이 들지 않는 것 같았고, 무엇보다 제과나 제빵은 꾸준한 연습이 필요하다는 생각이 들었다. 내가 연습할 장소가 시급했기에 '배운 것을 연습하는 연습실 개념으로 유지해보자'라는 생각으로 시작했다.

공방은 위치가 번화한 곳에 있지 않아도, 본인이 원하는 스타일의 케이크와 원하는 커리큘럼의 강습, 금액대에 맞는 곳을 찾아가는 개념이라 일반 가게들과는 다르게 위치는 크게 중요하지 않다는 생각이 들었다.

배웠던 공방들도 위치가 썩 좋지는 않았기에 크게 고민 없이 결정할 수 있었고, 블로그와 페이스북을 통해 홍보해 주문도 받고 클래스도 운영했다.

꾸준히 홍보하고, 연구하고, 약속도 잘 지키고, 어린이날, 스승의날 등 기념일에 발 빠르게 홍보하였다. 공방을 1년간 나름 성실하게 유지해, 주문했던 고객들은 재주문을 하는 경우가 많았고 단골들도 생겨났다.

수입이 생기자 많이 아쉬웠던 오븐이나 집기들을 업그레이드시키는 재미가 쏠쏠했다. 하지만, 케이크 데코레이션의 경우, 미적 감각이 뛰어나거나 미술을 전공한 사람들과 나의 것을 비교하다 보니, 점점 일에 자신감이 떨어졌다.
손재주는 있지만, 미적 감각의 한계를 느껴 노력해도 어느 정도의 수준을 뛰어넘지는 못하겠다는 생각이 들었다.
나의 강점인 다양한 아이디어와 창의력을 맛으로 표현 할 수 있는 다른 분야를 찾아야겠다고 생각했다.

사람들은 보통 무언가를 배운다고 하면, 돈이 많이 들거로 생각한다. 하지만, 간절하게 진심으로 배우고 싶다면, 배우고 싶은 분야의 가게에서 무급으로 일해 볼 수도 있고, 나라에서 지원해주는 제도를 통해 배워 볼 수 있는 다양한 방법이 있다. 그렇게 배워본 후 좀 더 본격적으로 배워보고 싶다면 돈을 투자해도 늦지 않다고 생각한다. 무엇보다 중요한 것은 배운 것을 연습해서 원리를 이해하며, 나의 것으로 만드는 시간인 것 같다.

꽉 채운 일 년 동안 운영했던 공방을 정리했다. 무모하고 용감하게 시작했던 나의 첫 공식적인 창업이 대성공은 아니었지만, 내가 목표했던 나의 연습실 만들기는 성공적이었다. 클래스를 만들어 사람들을 가르치면서 더욱 많이 배우고 연습할 수 있었다.

공방을 1년간 운영하면서 히피스베이글을 계획하며 꿈꾸고, 연습하고 준비했으니 내 꿈의 기초를 제대로 다진 곳이라 할 수 있다. 베이킹 기구들도 업그레이드하고, 조금이나마 돈도 벌고, 더 바랄 것이 있을까.

나의 강점인 다양한 아이디어와
창의력을 맛으로 표현 할 수 있는
다른 분야를 찾아야겠다고 생각했다.

배울수록 더 배우고 싶은 것이 있다

—

좋아하는 일로 돈까지 벌 기회

내가 어렸을 적에 엄마는 가게를 했었다. 엄마가 집에 있는 밥하고 반찬을 가게로 좀 가져다 달라는 심부름을 종종 시켰다. 처음엔 집에 있는 그대로를 도시락통에 담아 배달을 하다가 어느 날인가 직접 만들어서 가져다드려야겠다는 생각을 했다.

음식을 만들려면 꼭 넘어야 하는 장애물이 있었는데, 바로 가스레인지를 켜는 것이었다. 그때는 가스 새는 소리에 레버를 끝까지 돌리지 못하고 포기했었다. 하지만, 꼭 맛있는 도시락을 엄마에게 가져다드리고 싶었다. 목표가 생기니 평소 같았으면 포기했을 것을 진땀을 흘려가며 가스레인지를 켰다.

달걀 프라이로 시작된 요리는 점점 재미를 붙여 하나씩 새로운 반찬을 만들기 시작했다. 내가 초등학교 4학년이 되던 때는 처음으로 떡볶이에 도전했다. 떡집에서 떡볶이용 떡을 천 원어치 사서, 찹쌀고추장과 마늘 간 것, 설탕과 파만 넣고 만들었다. 떡볶이를 정말 좋아하는 내 입맛에 딱 맞게 간을 여러 번 보면서 고추장과 설탕의 밸런스를 맞추어 만든 매콤달콤한 떡볶이였다.

내가 제일 좋아하는 20년 전통의 우리 동네 시장 맛집의 떡볶이를 재현한 듯했다. 떡볶이를 만들어 엄마께 가져다드리니, 자랑하고 싶었는지 양이 적은데도 동네 아주머니들과 나눠 드셨다.

"아이고 아주 떡볶이 장사해도 되겠어! 이렇게 맛있게 만들면 어떡해! 나도 좀 배워야겠다!!" 함께 드신 아주머니들의 칭찬은 나를 춤추게 했다. 내가 만든 음식을 어른들이 맛있게 먹는 모습이 신기하고 기뻤다. '어른들에게 인정받는 나의 요리실력'이라는 자부심에, 한 달 동안 신나서 떡볶이만 만들었던 기억이 난다.

어른이 되어서도 요리사랑은 계속되었다. 내가 만든 요리를 사람들이 맛있게 먹는 모습은 내게 희열을 주었다. 시간과 장소를 가리지 않고 누군가 '배고프다!' 하면, 김치볶음밥에 김치찌개, 된장찌개, 라면 등 있는 재료로 무엇이든 만들었다.

아무리 피곤해도 요리하는 것은 취미와도 같아서, 늦은밤 출출할 시간이 되면 '아빠 김치볶음밥 해드릴까요?', '동생아 너 뭐 먹을래?'라며 뭐라도 만들고 싶어 안달이 났었다. 나는 요리하는 과정을 즐기기도 했지만, 사람들이 먹는 모습을 보며 만족과 즐거움을 느꼈다.

내가 좋아하는 일로 돈까지 벌 기회가 온다면, 정말 축복받은 일일 거라는 생각이 들었다. 구체적인 계획은 없었지만 우선, 요리를 하나씩 배워보기로 했다.

요리는 너무 광범위해 어디서부터 시작해야 할지를 몰랐다. 그냥 '관심 가는 요리 분야를 찾아 하나씩 배워보자'라는 생각으로 시작해 제일 처음으로 이탈리아 요리학원을 등록했다. 이탈리아 요

리는 처음 해보는 거라 이국적이고 흥미로웠지만 뭔가 계속해서
새로운 아이디어가 떠오른다거나, 마구 끌리지가 않았다. 정말 좋
아한다면 손이 절로 가서 계속해서 만들어 보고 싶었을 텐데 그런
마음이 생기질 않았다.
좋아하는 무언가를 할 때 그것을 얼마나 집요하게 계속 생각하는
지 스스로가 잘 알고 있다. 아마도 내가 파스타나 면 요리를 별로
즐기지 않아서였던 것 같다.

인도, 멕시코를 여행할 때는 개인이 1:1 혹은 그룹을 상대로 하는
쿠킹클래스를 듣는 것도 하나의 큰 재미였다. 생소한 식자재의 이
름을 알아가고 맛을 보는 것은 정말 흥미로웠다.
특히, 인도는 3개월간 여행했었는데 자주 가던 레스토랑의 에그
커리가(달걀 삶은 것 한 알과 커리소스가 주재료) 삶아진 달걀을
커리소스에 으깨서 밥이나 난과 함께 먹는 맛이 단순하지만 맛있
었다. 마치 떡볶이 국물에 삶은 달걀 으깨서 비벼 먹는 느낌과도
비슷했는데 정말 맛있었다.

레스토랑 사장과 친해져 '혹시 인도 음식 하는 것 배울 수 있을
까?'라는 부탁에 '물론이지! 우린 친구잖아!'라며 흔쾌히 받아준
적도 있었다. 친구 가게 주방에서 일하는 주방장 아저씨께 일주
일 정도 커리를 만드는 것과 기본 소스 만드는 법을 배운 적도 있

었다. 한국에 돌아가 인도음식 레스토랑을 차리면 꼭 연락을 달라고, 도움을 주겠다고 했던 정말 고마운 친구였다.

여행에서 돌아온 뒤 적응기를 가지며 무엇을 배워볼까 찾아보던 중, 알고 지내던 사장님의 친구분이 신사동에서 파스타 가게를 한다고 했다. 이때다 싶어 무급으로 일해 볼 수 있을지 부탁했고, 그곳에서 3개월 정도 일을 했다.
파스타는 여태 먹어온 곳들과 비교해서 정말 맛있었지만, 처음 이탈리아 요리를 배웠던 그때처럼 역시나 관심 이상을 갖지는 못했다.

그곳에서 일하던 중 뭔가 또 새로운 것이 없을까 찾아보다가 잼 만들기에 관심이 생겼다. 집에서 토마토 잼, 키위 잼, 카푸치노 잼, 커피 잼, 얼그레이 잼 등 여러 가지 잼을 밤새도록 만들며 한번 판매를 해볼까도 했지만, 인터넷 판매를 위해서는 정해진 기준의 제조시설을 갖춰야 했고, 여러 가지 조건이 까다로워 시작하지 못했다.

뭔가를 배우고 만드는 중에도 계속해서 '내가 좋아하는 음식의 종류가 뭐가 있을까?'라고 생각을 했다. 내가 좋아하는 음식을 만든다면 다양한 아이디어가 떠오르고, 맛있게 만들 수 있겠다는 생각이 들었다. 그렇게 생각하니 답은 간단했다.

'빵 이었다' 중학생 때부터 나는 꾸준히 1일 1빵을 해왔고, 따로 배워본 적은 없지만, 책이나 블로그를 보면서 독학으로 만들었던 홈베이킹은 정말 재미있었다. 베이킹을 본격적으로 배워보기로 했다.

창업 준비금도 많지 않은 상태에서, 제과 · 제빵을 배우는데 목돈을 투자하는 건 아무래도 부담스러웠다. 고민하던 중 알게 된 '내일배움카드'로 데코레이션 케이크 과정, 플라워 케이크 과정 배우는 것을 시작했다. 이후에는 개인이 운영하는 공방에 찾아가 베이킹클래스를 듣기도 하고, 유명한 셰프님이 운영하는 곳에서 제빵을 배우기도 했다.
베이킹은 제과, 제빵, 케이크 데코레이션 등 분야가 다양했지만, 베이킹에 관한 것이라면 뭐든지 재미있고, 신기했다.
제과는 쿠키, 케이크 등을 만드는 것을 의미하고, 제빵은 식빵, 단팥빵 등 빵을 만드는 것을 의미한다.

내가 좋아하는 것을 배우니 자연스럽게 연습도 많이 하게 되고, '이렇게 만들어 보면 어떨까?', '이런 재료로 바꿔서 만들면 어떨까?' 등 머릿속에서 다양한 아이디어들이 넘쳐났다. 하루하루 배우는 것이 그렇게 즐거울 수가 없었고, 하고 싶은 일을 하는 사람이 성공한다는 말에 처음으로 공감했다.

관심이 없었던 회사에서 하는 일, 학교에서 하는 공부와는 반대로 배운 것을 계속 연습해 보게 되고, '이렇게 저렇게 바꿔보면 어떨까?'라는 생각이 수없이 떠오르며 새로운 아이디어가 넘쳐났다.

자연스럽게 관심이 더 가고
배울수록 더 배우고 싶은 것이 있었다.
나에겐 그것이 베이킹이었다.

내가 뭘 잘하는지, 좋아하는지 알지 못했었다. 그래서 하나씩 관심 있는 것을 배우다 보니, 정리가 되어 가는 것 같았다.

조금 배우다가 관심에서 끝나는 것들이 있고, 자연스럽게 관심이 더 가고 배울수록 더 배우고 싶은 것이 있었다. 나에겐 그것이 베이킹이었다.

일을 즐길 수 있는 나만의 아이템을

하고 싶은 일을 하며, 돈 버는 순간을 현실로

예전부터 맛집이 나오는 프로그램을 즐겨봤다. 지금처럼 먹방 붐이 일던 시기가 아니었지만, 정규방송을 보지 못하면 지난 방송을 인터넷으로 찾아서 보았다. 맛집 프로그램을 보면서 드는 생각은 딱 하나였다.

'와, 맛있어 보인다. 저기가 어디야? 꼭 가봐야겠어.'가 아닌, '저 아이템을 좀 더 독창적인 방식으로 바꿀 수 있을까? 메뉴에 다른 걸 접목 하던지, 서빙을 다른 방식으로 한다면, 테이블 모양을 바꾼다면, 손님이 직접 가져가는 방식이라면 어떨까?'라며, 맛집 프로그램이 끝난 후에도 혼자 계속 생각하고 메모지에 끄적거렸다.

그러다 나만의 아이템이 그럴싸하게 만들어졌다 싶으면, 창업엔 절대 관심이 없고, 늘 안정적인 직장 생활을 추구하는 친구에게 전화를 거는 것이 순서였다.

"야야 나 아주 좋은 창업 아이템이 생각나서"
"뭔데?"
"우선 가게 이름은 '오벤토', 도시락 가게인데 손님들이 뷔페식으로 반찬을 정할 수 있는 콘셉트야. 반찬 3종+국+밥 또는 반찬 4종+국+밥 등 반찬의 개수를 결정하고, 손님들이 오늘의 반찬 중에서 원하는 것을 고르면 내가 담아주는 거지. 그리고 더 중요한 건 뭔 줄 알아? 일반 도시락 가게가 아닌 반찬 전문점을 겸하는 거지.

왜 너도 반찬가게 가면 밥 한 공기 들고 여기 있는 반찬 하나하나 다 먹어보고 싶다는 생각이 들 때가 있잖아. 정말 획기적이지 않냐? 도시락을 사 가서 반찬을 맛본 사람들은 집에 가면서 퇴근길에 맛있었던 반찬을 사 가는 거지. 일거양득이라구! 간판은 노란색에 병아리 그림이 들어가고, 글씨는 짙은 고동색으로 넣을 거야 어때? 어때? 아주 좋지!!!"

"오!!! 좋다 좋아. 근데 반찬이 남는 건 어떻게 처리할 거야?"

"…"

"네가 반찬을 다 만들 수 있어?"

"뭐 할 수 있을 거야. 조금씩 적당히 만들면 되지."

혼자 흥분해서는 앞뒤 정리도 안 된 내 생각을 전화에 쏟아내며 스스로 대견스러워 했다. 초반엔 친구가 이것저것 물어봐 주기도 하고, 관심의 표현을 해 주기도 했었는데, 수십 번 반복되니 점차 친구의 반응도 시큰둥해졌다. 그도 그럴 것이 이십 대 초반부터 시작된 고민이 서른이 될 무렵까지도 계속되었으니 말이다.

시급 3,000원짜리 호프집 알바를 하고 있었던 20대 초반의 대학생 시절 내 통장은 예금액을 다 합쳐도 백만 원이 안 되었으니, 늘 말만 했을 뿐 아직 실행할 형편은 되지 못했다.

자본도 없고 창업자금을 지원해줄 사람이 없었음에도 불구하고,

창업 아이템에 대해서 끊임없이 고민하고 계획했었다. 그것도 아주 구체적으로 간판에 이름, 구매 시스템까지도 고민하고, 가게 구조까지도 생각하며 '모의 창업'을 했었다.

아이템을 하나 떠올려서 이것저것 생각하고 메모를 하다 보면, 새벽 늦은 시간까지 혼자 계획 구상하느라 시간 가는 줄을 몰랐다. 지금도 여전히 새로운 메뉴나 가게에 대해 새로운 계획을 구상하다 보면 정신이 더욱더 또렷해지며 시간 가는 줄을 모른다.

히피스베이글을 창업하고 잘 운영하는 것을 지켜본 지인들이 종종 조언을 구한다. 뭘 하고 싶은지는 아직 생각을 못 해봤고, 네가 좀 알려줘서 하는 대답이 대부분이다.

"아, 나도 너처럼 창업하고 싶어"
"그래서 뭐가 하고 싶은데?"
"카페???"

예전 명예퇴직 후 별 고민 없이 창업하는 품목으로 치킨 가게가 대세였다면 요즘은 카페가 대세다. 좀 더 구체적인 경우는 '나 카페 하고 싶은데 거기서 무슨 빵을 팔아야 잘 팔리겠니?' 정도였다. 사실 저런 질문에는 내가 해줄 말이 없다.

창업이란 것은 돈을 투자하는 것이기에 신중해야 한다. 그리고 공간을 하나씩 본인의 것으로 채워가며 그 속에서 즐거움, 보람을 느낄 수 있어야 한다고 생각하는데 그저 내가 장사를 먼저 해봤다고 해서 나의 조언(?), 나의 경험을 모두 올바르다고 생각하고 그대로 창업에 직결시키는 것은 정말로 위험하지 않을까?

창업 아이템을 끊임없이 고민하고 계획했다.
구체적으로 간판에 이름, 구매 시스템까지도 고민하고,
가게 구조까지도 생각하며 '모의 창업'을 했다.

창업하게 되면 직장생활보다 더 많은 돈과 시간, 노력을 자연스럽게 투자하게 된다. 회사는 퇴근하고 나면 내 시간이지만, '내 장사'를 하게 되면, 퇴근 후에도 일에 대한 고민이 계속되고, 일에 투자해야 하는 시간이 자연스럽게 더 늘어나게 된다.

실제로 '내 장사'를 하면서 많이 느끼는 것 중 하나가 '내가 정말 회사 다닐 때 일을 제대로 안 하는 직원이었구나, 지금의 반만 일했어도 인정받는 직원이었을 텐데'라는 것이었다.

내가 흥미를 느끼지 못하거나 하고 싶어 했던 분야가 아니었던 건지, 혹은 회사의 시스템이 나와 맞지 않았었는지 여러 생각이 들긴 했지만, 어찌 되었건 나는 회사에 큰 도움이 되는 직원은 아니었던 것 같다.

창업하고 싶다면, 내가 자연스럽게 일에 시간을 투자하게 되고, 그 과정을 즐길 수 있는 나만의 아이템을 찾아야 한다고 생각한다.

내가 스스로 세운 계획들과 나의 머릿속에서 팡팡 떠오르는 독창적인 아이템을 꺼내 하나씩 사람들에게 선보이며, 손님들의 반응을 기대해보고 확인해 가야 한다. '내가 앞으로 해야 할 일들이 정말 많다.'라는 생각에 흥분되고 설레어 잠 못 이루는 밤들이 계속된다면, 그때가 바로 내가 하고 싶은 일을 하면서 돈까지 버는 일이 현실이 될 것이다.

자연스럽게 일에 시간을 투자하게 되고,

과정을 즐길 수 있는

나만의 아이템을 찾아야 한다

긴장되던 베이글의 아련한 첫 기억

내 고유의 아이템 히피스베이글

대학생 시절, 'Coffee and Doughnuts'가 한창 광고 중이었다. 당시 인기 있던 남자 배우가 광고에 등장해 '커피에는 도넛'이라 주입시켜, '도넛은 꼭 커피와 함께해야 하는구나'라는 인식이 생기게 되었다. 아직도 광고에 나왔던 외국인 성우의 목소리가 기억이 날 정도다.

도넛을 한창 광고하다가 몇 년이 지난 후 '베이글과 커피'로 바뀌었고, 아침엔 베이글에 크림치즈를 곁들여 커피와 함께한다는 뉴욕(?) 스타일의 아침 식사를 제안하는 광고를 했었다. 매일은 아니었지만, 학교로 통학하는 길에 D도넛이 있어 종종 베이글을 사 먹었다. D도넛에서 먹어본 베이글이 내가 태어나서 처음 접하게 된 '베이글'이었는데, 초반에는 주문 방식이 나를 긴장되게 만들었다.

"베이글 하나 주세요."
"어떤 베이글로 드릴까요?"
"블루베리로 주세요."
"토스트 해드릴까요?"
"네?"
"데워드릴까요?"
"데워 줘요? 아! 네, 그렇게 해주세요."
"크림치즈는 하시겠어요?"

"아, 아니요. 그냥 주세요."

빵을 사는데 '데워 주냐'고 물어보는 것 자체가 생소했고, 베이글을 데워먹어야 하는지도 몰랐다.

그때의 기분은 외국에 가서 처음으로 옵션이 많은 음식을 주문하는 느낌이었다. 지금은 커피숍이나 레스토랑에서 스페셜 오더(?)나, 옵션을 추가하고 선택하는 것이 보편화 되어 있지만, 그땐 커피도 대부분이 한 사이즈, 음식도 특별한 옵션이 없었던 거로 기억한다.

슬라이스 되고 구워진 단면이 브라운 빛깔을 띠는 '베이글'을 처음 받아들고 먹는데, 뉴요커라도 된 기분이 들며 외국에 여행 온 느낌마저 들었다. 그게 첫 베이글에 대한 기억이다.

그 후 D도넛에 갈 땐 방문하기 전 미리 주문할 시나리오를 기억했다가, 당황하지 않고 최대한 익숙한 듯 자연스럽게 주문했다. 베이글을 선택하고, 토스팅한 후 크림치즈를 발라 달라고 술술 자연스럽게 주문했다.
크림치즈가 샌드 된 베이글의 맛은 독특했다. 따스한 베이글은 겉은 바삭하고 안은 쫀득했다. '아!! 베이글은 크림치즈를 발라 먹는

거구나!!' 샌드된 크림치즈는 새콤하면서 부드러워 잘 어울리는
것 같았다.

당시만 해도 치즈라고 하면 피자에 들어가는 모차렐라 치즈, 햄버
거에 들어가는 체다 슬라이스 치즈 정도만 알고 있었다. 크림치즈
라는 것 자체도 생소했고, 새콤한 맛이 난다는 걸 처음 알았다. 그
후 점차 프랜차이즈 빵집에서도 베이글을 볼 수 있었다.

쫄깃한 빵에 차갑고 부드러운 크림치즈의 조화로운 식감 등 추운
겨울, 베이글은 테이크아웃해서 맛있게 먹던 추억이 있는 아침 식
사였다.

창업한다고 했을 때 사람들이 제일 먼저 묻는 말 중에 하나는 많
은 빵 중에 하필이면 왜 베이글이냐였다. 가장 큰 이유는 내가 베
이글을 좋아해서였다.

20대 초반에는 페이스트리류, 버터나 쇼트닝이 잔뜩 들어가 겹겹
이 구워진 빵에 슈가 글레이즈가 뿌려진 빵이 나의 페이보릿이었
다. 페이스트리류에 제대로 꽂혀있던 나는 빵집에 가면 고민할 것
도 없이 페이스트리 종류 중 달곰한 것만 골라서 먹었다. 20대 중
반에 들어서면서 달곰하거나 혹은 페이스트리류와 같이 느끼한
빵에 흥미가 사라지고, 점점 담백한 빵에만 손이 갔다. 바게트, 식

빵도 좋았지만 그중에서도 담백하고 쫄깃한, 크림치즈와도 잘 어울리는 베이글이 좋았다.

하지만 베이글을 전문적으로 하는 가게는 많지 않았고, 프랜차이즈 빵집이나 동네 빵집에서 파는 베이글은 맛도 종류도 내 기대에 차지 않았다. 어쩌다 베이글이 먹고 싶다는 생각이 들면 베이글을 파는 빵집을 찾는 것부터가 문제였다. 찾는다고 해도 맛있는 베이글을 팔 것인지가 문제였다.

베이글을 파는 카페도 종종 있었지만, 일반적으로 카페에서 파는 베이글은 대형 마켓에서 사다가 냉동 보관한 베이글을 해동시켜주는 시스템이었다. 아쉬운 대로 먹을 순 있겠지만 그럴 바에야 먹지 않는 편이 나았다. 아쉬운 대로 먹었다가 돈이 아까울 때가 한두번이 아니었다.

왜 맛있는 베이글을 다양하게 전문적으로 만들어 파는 곳이 없는 걸까? 베이글 전문가게를 해보면 어떨까? 갑자기 이런 생각이 떠올랐다. 혹시 나만 베이글을 좋아하는 것은 아닐까?

'너 베이글 좋아해?' 그때부터 만나는 친구들마다 물어봤다. 여자 친구들 중 십 중 팔구는 '좋아하지!' 였다.

'그럼 너 베이글 전문점이 생기면, 자주 갈 것 같니?' 하면 '맛만 있으면 자주 갈 의향이 있다' 였다.

그때부터 인터넷으로 뉴욕이나 캐나다, 일본에 있는 베이글 가게
의 블로그, 웹 사이트, 후기 등을 쭉 훑어봤다.
그동안 먹어 본 베이글은 플레인, 블루베리, 시나몬, 레이즌이 전
부였는데 종류도 정말 다양했다. 종류가 이렇게 많다니! 나의 아
이디어를 더해 더 다양한 종류를 만들어 낼 수 있겠다고 생각하는
고 마음은 들뜨기 시작했다.

|

왜 베이글을 다양하게 전문적으로
만들어 파는 곳이 없는 걸까?
베이글 전문가게를 해보면 어떨까?

|

6색 물감만 가지고 6가지의 색만 표현해오던 나에게 물감을 섞어
서 수백 가지 또는 그보다 더 많은 색을 직접 만들어서 쓰는 방법
이 있다고 나에게 알려주는 것만 같아서 빨리 만들어 보고 싶었
다.
일본의 경우를 살펴보니 베이글이 한번 붐을 탔다가 가라앉았다
는 글을 보게 되었다. 우리나라의 시장은 상당수 일본의 뒤를 따
라가는 경우가 많다고 들었는데 그렇다면 여러 가지 상황으로 살
펴볼 때, 지금이 베이글 가게를 하기에 적기가 아닐까? 라는 생각

이 들었다.

베이글에 대해 하나씩 알아볼수록 매력적이었다. 내겐 베이글과 관련된 아이디어가 무궁무진했고, 앞으로 손님들에게 어떻게 하나씩 꺼내 보일 것인지 생각만 해도 설레는 날들의 연속이었다. 생각만 하고 스쳐 지나간 창업 아이템들을 지켜주지 못해 미안했던 마음을 이번에는 꼭 보상받아야겠다고 생각했다.

'베이글과의 인연은 정말 신이 내려 준 운명이었다.' 몇 날 며칠 동안 베이글 가게를 창업할 생각을 하며, 끊임없이 아이디어를 생각했다. 혹시나 아이디어가 떠오를까 봐 머리맡에 메모장과 볼펜을 두고 잠들기를 십 여일. '나는 꼭 이번에 베이글 가게를 하는 거다!' 그렇게 시작하여, 지금의 히피스베이글이 탄생했다.

아이템을 찾고 상상하고 메모했던 최초의 결과물이 베이글이다. 그렇게 꿈꿔왔던 아이템으로의 창업, 물론 창업은 하고 나서가 끝이 아니라 과정에서 더 험난한 일들이 많았지만, 좋아하고 하고 싶은 일을 하며 느끼는 보람은 그 모든 것을 상쇄시켰다. 3년이 넘게 매일같이 베이글을 만들어왔지만, 지금까지도 변함없이 베이글이 좋다.

Chapter 02

알음알음 찾는 빵집

알음알음 찾는 빵집을 만들다

—

빚은 지지 말고 시작하자

상상 속 로망의 베이글 가게는 세련되면서도 심플한 인테리어에, 베이글의 따스한 온도와 커피의 향이 눈으로도 느껴질 수 있도록 기기들을 눈에 보이게 오픈된 공간으로 꾸미고 싶었다. 널찍한 번화가 대로변에 있어 우연히 지나던 사람이나 출근길 발걸음이 바쁜 사람도 쉽게 볼 수 있길 바랐다. 편안한 느낌의 매장에서 커피와 베이글의 여유를 즐기며, 일상 사진 한 장을 남기고 싶은 공간을 꿈꿨다.

로망의 가게를 꿈꾸기엔 돈이 문제였다. 로망의 가게를 오픈하려면 돈을 더 모아야 하는데 돈 버는 것 외에 아무 보람도 없는 직장 생활을 하며, 시간을 허비할 수는 없었다. 로망의 가게는 운영하면서 버는 돈으로 하나씩 이뤄가기로 타협했다.
창업 준비금에 맞춰 포기해야 할 것은 과감히 포기하고, 꼭 필요한 것들만 최소한의 비용으로 해보기로 했다.

대출을 받아놓은 돈이 오천만 원 정도 추가로 있었다. 히피스베이글을 시작하기 약 1년 전, 주문케이크 제작 및 교육을 하는 공방을 운영했었기에 '소상공인 사업자 대출'이라는 제도를 이용할 수 있었다. 창업교육 이수 조건과 기타 서류를 준비하여 2%도 안 되는 이자로 오천만 원 정도 대출을 받았지만, 그 돈은 만약의 경우에 대비한 운영자금으로 준비하기로 했다. 창업 준비로 그 돈에 손대지 않기로 스스로와 약속했었다.

계획한 대로 가게가 잘되지 않아 수익이 나지 않는 경우를 대비해 약 1년 치의 월세 정도는 예비자금으로 가지고 있어야 한다는 생각이었다. 순수 창업 준비금으로 준비했던 돈은 이천만 원 정도였고, 월세는 매달 벌어서 충당을 한다 하더라도 인테리어 및 주방 기기 등을 구매하는데 최소한 천만 원 정도 그래서 보증금은 최대 천만 원 이하인 곳을 찾아야 했다.

계획한 대로 가게가 잘되지 않아
수익이 나지 않는 경우를 대비해
1년 치의 월세 정도는 가지고 있어야.

돈에 맞춰 가게의 구체적인 조건을 정하고 나니 '로망의 가게'는 점점 멀어져갔다. 적지 않게 올라오던 거품과 욕심들이 걷히고 부동산에 찾아가서 나의 조건을 정확하게 말할 수 있을 정도로 정리가 되었다. 가게는 권리금이 없거나 있더라도 적은 곳을 찾아야 했기에, 이면도로나 구석진 곳에 열어야 했다. 그러기 위해선 알음알음 찾아오는 가게의 콘셉트가 되어야 했다. 비슷한 콘셉트로 운영하는 가게를 답사하기로 했다.

인터넷을 뒤져 위치가 썩 좋지는 않더라도 '알음알음 찾아 가는 빵집'을 다니며 벤치마킹을 하기로 했다.

일부러 좀 더 외진 곳에 있는 곳들로 찾아 가봤는데, 역에서도 한참 걸어야 하거나, 전철역에서 떨어져 있어 버스를 갈아타고 들어가야 하는 곳도 있었다. 큰 상가 안에 있지만, 정말 가게 사이사이를 지나 골목으로 여러 번 꺾어 들어가야 찾을 수 있는 빵집도 있었다. 인터넷과 SNS가 없었다면 동네에 오랫동안 살았다 해도 쉽게 찾지 못할 것 같은 빵집도 많았다.

'알음알음 찾아가는 빵집(이하 알음알음 빵집)'을 직접 찾아가서, 얼마나 외진 곳에 있는지, 블로그나 SNS에서 보여주듯 정말 장사가 잘되는 가게인지, 가게의 규모가 어느 정도 되는지, 인테리어는 어떤지, 빵집의 분위기는 어떤지, 몇 명이 일하고 있는지, 가장 중요한 맛은 어떤지 등 나름의 조사 항목을 만들고 하나씩 체크하고 메모했다.

답사를 다니며 가장 인상 깊었던 것은 알음알음 빵집을 하는 사장님들 대부분 평균 이상으로 친절하다는 것이었다. 아마도 멀고 찾기 어려운 곳까지 찾아오는 손님들이 특별하고 고마워서가 아닐까? 생각하며 나중에 내 베이글 가게에 찾아올 손님들을 생각하니 벌써 설레고 감사한 생각에 뭉클했다.

한 달 넘도록 베이글 가게와 빵집들을 이곳저곳 다녀보며, 내가 만들어 가야 할 가게의 세부사항들을 정했다. 그런 곳들이 어떠한 식으로 홍보를 하는지, 페이스북을 팔로우하고 블로그를 지켜보며, 각 가게의 운영방식 중 내가 마음에 드는 점들은 캡처하고 저장했다.

얼마나 외진 곳에 있는지, 가게의 규모는 어떤지,
인테리어는 어떤지, 빵집의 분위기는 어떤지,
맛은 어떤지 등 나름의 조사 항목을 만들고 점검했다.

내가 계획하고 있는 작은 빵집의 콘셉트로 운영되는 맛집들을 발품 팔아 다니며 답사했다. 내 생에 그렇게 많은 빵을 매 끼니 먹었던 적은 없었던 것 같다. 알음알음 빵집을 답사하며 빵을 맛보다 보니 빵으로 매 끼니를 때우는 날이 계속되었다.

위치나 콘셉트, 타겟층 등 막연하기만 했던 것이 직접 발로 뛰며 빵집 답사를 해보니, 한 가지씩 정리되었고, 그 과정에서 세부적인 것들이 정리되었다.

1. 위치 : 역세권은 아니라도 대로변에서 멀리 떨어져 있지 않아 위치를 설명하기가 쉬운 곳.
2. 아이템 : 다양한 아이템 보다는 단일 메뉴로 승부할 것.
3. 타깃 : 여성 고객을 타깃으로 할 것. 여성 고객이 밀집되거나, 여성 유동인구가 많은 지역을 찾을 것.
4. 마케팅 : 상호나 로고가 쉬우면서도 호감이 가서 손님이 사진을 찍고 소문을 내도록 유도할 것.

최종적으로 가게를 오픈하기로 생각한 장소는 초등학생 때부터 지금까지 살아와 주변을 속속들이 잘 알고 있는 우리 동네였다. 게다가 덕성여자대학교가 있어 '베이글 가게를 차리기에 딱 이다!'란 생각이 들었다.

이곳저곳 다녀봤지만 다른 지역에 비해 우리 동네가 월세가 저렴했다. 익숙하지 않은 지역은 왠지 이렇다 할 감도 오질 않았다. 아무래도 잘 아는 상권에서 장사를 시작하는 것이 소자본 창업을 하기에 알맞겠다는 생각이 들었다.

덕성여대는 역세권인 수유역, 쌍문역에서 버스로 약 5정거장 정도를 더 들어와야 하는 곳에 위치하고 있다. 여대임에도 불구하고 주변에 프랜차이즈 빵집만 있을 뿐 개인이 운영하는 빵집, 과자점은 하나도 없었다. 오로지 카페들만 계속해서 생겨나고 없어지는 상권이었다. 그렇다. 운이 좋게, 조건이 맞는 동네에 살고 있었다 (현재는 우이신설선이 개통되어 본의 아니게 역세권에 속하게 되어 '4·19국립묘지입구역'에서 3분 거리에 위치하게 되었다).

많지는 않지만 여대 근처에 하나 둘씩 '뉴욕 스타일'의 베이글 가게가 생기고 있었다. 나 또한 여대 근처에 맛있고 독특한 콘셉트를 갖고 운영한다면 많은 사람이 관심을 가질 것이라 생각했다. 거기에 더해 한창 유행하는 페이스북, 블로그, 인스타그램 등을 통해 여대생들이 나를 대신해 광고해 줄것이라는 예상을 했다.

알음알음 찾아가는 빵집을 벤치마킹하러 돌아다닐 때 손님들이 많이 오가는 것을 보고 부러워하며, 언젠가 나의 가게도 꿈만 같은 일이 일어나길 간절하게 소망하던 것이 벌써 4~5년 전 일이다.

요즘도 처음 오시는 손님들이 종종 묻는다.
"이렇게 찾기도 힘들고, 골목에 있는 가게를 어떻게 다들 잘 찾아오네요? 저 여기 찾느라 한참 걸렸어요"
"손님들은 대부분 처음에는 입소문으로 알음알음 찾아오세요"

내가 꿈꾸던 '알음알음 찾아가는 베이글집'을 하고 있다.

손님이 찾기 쉬운 자리가 중요하다

운명처럼 다가온 가게

약 한 달간 '알음알음 가게 찾기'를 테마로 한 사전조사를 마친 후, 본격적으로 덕성여대 근처 우리 동네 가게 자리를 알아보기 시작했다.

부동산 몇 곳을 돌아다녀도 원하는 자리가 나와 있지 않았다. '시장조사 기간에도 가게 자리를 알아보고 다녔으면 좋았을 텐데 왜 미리 알아보지 않았을까?'라는 후회가 들면서 내가 원하는 가게 자리를 찾지 못할 것 같아 마음이 조급해졌다.

사실 그렇게 조급할 필요까지는 없었는데 머릿속에 계획들이 차곡차곡 쌓이고 정리가 되어가니 '주변에 빵집이나 유사업종이 생기기 전에 하루라도 빨리 선점을 해야겠다'는 생각이 들었다.

창업하는 사람들은 길게는 몇 개월, 몇 년 동안 가게 자리를 알아보러 다닌다고 했다. 창업자금이 많지 않았던 나는 시간이 지연될수록, 가지고 있는 돈마저 써버릴 것 같았다. 초조해하며 한 달이라는 시간이 빠르게 지나갔다.

그러던 중 늘 지나다니던 길목에 있지만, 주인아저씨 인상이 무서워 들어가기가 꺼려졌던 부동산을 작정하고 들렀다. 역시나 주인아저씨는 불친절해서 별 기대 없이 문의했다. 마침 하루 전날 내 조건에 맞는 가게가 나와 있다며, 내가 생각했던 월세보다 조금 더 저렴한 조건의 가게를 보여주었다.

가게는 대로변이 아닌 이면도로에 있었지만, 대로변에서 약 50m

정도 떨어진 곳이라 위치 설명이 어려운 곳이 아니었다. 무엇보다 주 타깃으로 생각한 여대의 정문에서 걸어서 5분이 안 되는 위치에 있는 곳이었다. 보증금도 500만 원에 월세가 55만 원이라니 정말 딱! 내가 원하던 그곳이었다.

머릿속에 계획들이 차곡차곡 쌓이고 정리가 되어가니
'주변에 빵집이나 유사업종이 생기기 전에
하루라도 빨리 선점을 해야겠다'는 생각이 들었다.

10평 정도 되는 크기에 기사식당으로 운영되던 곳이었다. 저렴한 보증금과 월세가 증명되듯 건물은 오래되었고, 다세대 주택의 1층 상가 자리였다. 주인이 수차례 바뀌었지만, 이전부터 가게를 하던 사람들이 특별히 수리하거나 인테리어에 돈을 들였던 이력이 없던 자리였다.

흰색에서 회색으로 변해버린 석고보드 천정이 반쯤 내려와 기울어져 있었다. 바닥은 요즘엔 보기 힘든 '도끼다시'라는 바닥이었으며, 곳곳에는 뭘 했는지 모르지만 못을 대고 찍어 놓은 듯 패여 있었다. 출입문에는 조각으로 지금의 가게 이름과는 전혀 어울리지 않는 '샤론'이라는 글과 문양이 새겨져 있어 출입문도 교체해서 사용해야 했다.

그런 것들은 손을 보면 될 것 같았기에 문제가 되지 않았다. 문제는 가게를 내놓은 세입자 아주머니께서 500만 원의 권리금을 요구했다. 가게를 내놓는 이유가 몸이 힘들어서 내놓는 것이지 장사가 안되는 자리라 내놓는 것이 아니라는 입장이었다. 가게를 시작하면서 들인 냉장고며, 집기들에 투자한 금액은 받아야 한다고 했다. 가게에서 사용 중이던 냉장고나 테이블 등 나에게는 전부 다 필요 없는 것들이었다.

그 날 이후 2~3일 동안 주변 부동산들을 다시 한 번 찾아가서 매물을 알아봤는데, 너무 비싸거나, 내가 원하는 위치가 아니거나, 아니면 그냥 맘에 안 들었다. 다른 매물을 보면 볼수록 그 전에 본 가게가 자꾸 떠올랐다. 현재의 세입자 마음이 바뀔 수도 있으니 눈치껏 조금 기다려보자는 부동산아저씨의 조언에 하루, 이틀 기다리며 다른 가게 자리를 알아보았지만, 이미 마음은 한쪽으로 기운 상태라 눈에 들어오지 않았다.

내가 기다리던 '권리금 깎아 줄게요. 그냥 계약합시다'라는 연락은 도통 오지 않았다. 하루하루 지날수록 나만 다급해졌다. 부동산에서는 '세입자가 권리금을 너무 많이 요구하는 것 같다'고 했다. 결국, 내가 권리금을 부담하면서라도 꼭 그 자리에서 해야겠다는 결론을 내고 최후 작전으로 빵과 음료를 사 들고 무작정 가게를 찾아갔다.

"제가 이 가게를 꼭 하고 싶어서요. 권리금을 조율할 수는 없을까요? 저도 20살 넘어서면서부터 부모님 지원 없이 대학교 등록금도 벌어서 해결하느라, 모아놓은 돈이 별로 없어요. 제 장사 하는 게 꿈이라 제가 가진 돈에 맞춰서 찾아보고는 있는데 정말 쉽지가 않네요."
부모님보다 나이가 많은 주인 내외분께 최후의 협상이라고 생각하고, 형편을 설명하며 안타까운 마음을 최대한 진지하게 전했다. 현재 세입자는 '상의하고 연락을 주겠다'고 했고, 다음날 부동산 아저씨로부터 연락이 왔다. 권리금을 500만 원에서 300만 원으로 줄여주었고, 감사한 마음으로 계약을 했다.

지금 와서 생각해보면 그분들이 참 좋은 분들이어서 내 간절함이 통했던 것 같다. 혹여라도 마음이 바뀌기 전에 가게를 계약해야 했기에 전화를 받은 당일 나는 마음이 바뀔세라 급히 서둘렀다. 여러 부동산을 다니고, 인터넷에서 검색하고 사투를 벌이며 가게를 알아보기 시작한 지 거의 두 달여 만에 내 손엔 부동산 계약서가 들려졌다.

나는 가게 자리를 알아볼 때 명심한 것이 세 가지가 있었다.

첫째, 내가 정해놓은 보증금과 월세를 크게 벗어나면 자리 잡기까지 꽤나 금전적인 부담을 느낄 수 있으니 계획한 금액 내에서 크게 벗어나지 않는 선에서 결정한다. 생각했던 금액보다 보증금이 500만 원이나 저렴하고 월세가 10만 원정도 저렴했으니 더 바랄 것이 없었다.

둘째, 덕성여대에서 찾아오기 쉽고 가까운 위치로 찾는 것이었다. 학교에서 거리가 떨어져 있으면 먹고 싶어도 오기가 귀찮으니 최대한 가까운 곳으로 해야 한다고 생각했다.

셋째, 가게가 새 건물인지 내가 원하는 인테리어 인지는 전혀 중요하지 않았다. 찾기 쉬운 위치보다 일하기 편하거나 인테리어 등의 이유로 가게를 선택하면 권리금이 높은 경우가 다반사였다. 가게 위치는 손님들이 원하는 위치인지가 훨씬 더 중요하다. 가게 내부는 내가 손볼 수 있는 것을 최대한 스스로 하고 청소를 깨끗이 하면 된다는 생각이 있어 큰 문제가 되지 않았다.

처음에 정해놓은 금액과 조건이 꽤 분명했기 때문에 해당하는 조건이 눈에 보이자 큰 고민 없이 한 가게에만 매달렸던 것 같다. 문제는 예상치 못한 권리금 요구였는데 권리금이 많이 부담되지 않는 선이어서 나중에 가게를 정리할 때 투자한 만큼의 금액을 요구할 수도 있는 부분이었다.

가게를 시작하며 좋은 위치에 가게 자리를
잘 잡아 장사를 하는 사람은 다음에도
좋은 자리를 잘 찾는 경우가 많다고 했다.

나중에 친해지게 된 동네 부동산 아저씨와 이야기하면서 듣게 된
이야기인데, 다년간 부동산을 운영하며 경험한 바로는 '가게 자리
를 잘 보는 센스를 가진 사람이 있다'고 했다.

처음에 가게를 시작하며, 좋은 위치에 가게 자리를 잘 잡아 장사
를 잘하는 사람은 그다음에 어디에 가서 장사하더라도 좋은 자리
를 찾아 장사를 잘하는 경우가 많았고, 반대로 처음부터 장사가
잘 안 되는 자리를 선택해서 장사를 했던 사람은 장사가 잘되는
자리를 찾기까지 몇 번의 실패를 하는 경우가 대부분인데 그런 면
에서 보면 나의 경우, 가게 자리를 보는 센스가 타고난 거라고 복
받은 거라고 했다.

가장 큰 걱정이었던 가게 자리를 계약했으니 이제부터가 시작이
었다.

불이 켜져 있으면 열려있는 겁니다
–

본의 아니게 간판이 없는 콘셉트

나의 로망을 이뤄줄 가게를 계약하는 날, '나의 가게를 구했구
나!!'라는 기쁨에 상기된 표정으로 계약서 작성을 위해 '건물주'
아주머니와 대면하게 되었다.
내가 들어가기 전 세입자분들이 먼저 나가는 거라, 부동산 복비를
직접 부담하기도 해야 했지만, 건물주의 동의가 필요했다.

"아니, 나는 빵집을 한다고 해서 좀 나이가 있는 분이 하는 줄 알
았는데, 어린 아가씨가 하는 거였어요? 이렇게 약해 보이는 아가
씨가 어떻게 장사를 해. 월세나 제대로 낼 수 있을지 걱정이 되
네."

나이가 이미(?) 32살이었기에, '어린 아가씨'라는 말이 무척이나
생소했지만, 긍정적인 의미로 말한 상황이 아니었기에, 앞으로의
포부(?)에 대해서 말하려는 순간,

"요즘은 젊은 사람들이 장사를 더 잘해요! 센스가 훨씬 더 있지!"
라고 전 세입자분이 말씀을 해주어 별 무리 없이 상황 종료가 되
었다. 나는 그저 공감한다는 표정으로 최대한 해맑은 미소를 띠며
앉아있었다.

계약서에 도장을 찍기 바로 전 건물주 아주머니께서 '우리 집은

간판은 못 해, 안 돼'라고 해서 처음엔 '내가 잘 못 들은 건가?'라는 생각이 들었지만, 계약의 순간을 오매불망 기다려왔던 터라 우선 계약서에 도장부터 찍었다.

'가게 건물 구조상 간판을 설치 못 한다고?', 요즘 세상이 어떤 세상인데, 기술이 많이 발전해서 간판을 달 방법을 찾을 수 있을 거로 생각했다.

계약 후 자세히 들어보니 '우리 집엔 간판은 못 해'라는 말의 뜻은, '가게에 세입자들이 바뀔 때마다 간판을 달거나 떼고, 때로는 떼지도 않고 가버리는 경우가 많았다고 했다. 인테리어도 해놓고는 원상 복구를 안 해놓고 가는 경우가 허다해 건물이 많이 망가졌다고 했다. 그래서 다년간의 경험으로 아예 간판을 달면 안 되는 거로 결정했다.'는 어마 무시한 의미가 내포되어 있었다.

사실, 내가 생각한 가게의 콘셉트로는 어차피 '알음알음' 찾아올 수 있는 가게를 만드는 것이었기에 간판의 유무나 크기가 크게 중요하지 않았지만, '내가 선택해서 안 하는 것'과 '강제로 안 되는 것'에서 만큼은 큰 차이가 있었다.

건물주가 말하는 내용은 충분히 이해했지만, 주변에 장사 경험이 있거나, 부동산 업계에서 일하는 사람들과 상담해 보니, '상가 건

물에 간판을 못 다는 것은 이해가 안 간다'라는 의견이 대부분이
었다.
내가 생각한 가게의 콘셉트도 화려하거나 큰 간판이 필요한 것은
아니었고, 최소한 무슨 가게인지 사인이 작게나마 보여야 한다는
생각이었다. 건물주는 못을 박거나 무언가를 설치하고 붙이면 건
물에 해를 입히니 안 된다는 거였다.

가게 자리를 찾은 것으로 큰 산을 넘었다고 생각했는데 정말 '산
넘어 산'이었다. 거기에서 포기할 수는 없었기에 간판업체 사장님
과 여러 차례 상담을 했다. 아크릴로 만들고 안에 조명을 설치하
는 작은 '박스 간판'의 형태로 가게의 옆면과 정면에 두 개를 설치
하기로 했다. 물론 실리콘으로 부착해 나중에 간판을 떼어낼 때도
깔끔하게 떨어지는 방법을 알아보았다.

건물주에게도 최대한 자세하게 설명을 하고, 나중에 계약이 끝나
면 깨끗하게 떼어가는 조건으로 약속을 여러 차례 하고는 어렵게
허락을 받았다.
약 7개월 뒤 가게 바로 옆집에 꽃집이 들어오게 되었다. 빵집도
간판을 했는데 꽃집은 안 된다고 하면 불공평하니 빵집하고 비슷
한 조건으로 하라고 허락을 하였다는 말을 건물주 아주머니를 통
해 전해 듣게 되었다.

가게 자리를 찾은 것으로
큰 산을 넘었다고 생각했었는데
정말 '산 넘어 산'이었다.

역세권에서 멀리 떨어져 이면도로에 위치한 우리 가게를 찾느라
고생했다고 하는 손님들은 여지없이 '왜 가게인데 간판도 안 달았
어요?'라고 묻기도 하고, 종종 불평하는 손님도 있다.
이것저것 세세하게 설명하기 귀찮고, 좋은 게 좋은 거지!라고
생각하며, 그때마다 나는 이렇게 말한다.

"저희 가게는 알음알음 찾아오는 가게라서요"
불이 켜져 있으면 열려있는 겁니다.

무엇이든지 주저하지 않겠다

할 줄 아는 것이 늘어가는 과정이 즐거웠다

임대하긴 했지만, 계약서에 도장을 쾅쾅 찍었으니 내 가게가 생겼다. 이전 세입자가 정리하고 나가는데 약 일주일 정도 걸린다고 했으니, 정식 계약은 도장 찍은 날로부터 일주일 후가 되었다. 그 일주일 동안 어떻게 공간을 꾸며야 할지, 밤낮으로 고민하느라 잠도 제대로 못 자며 인터넷을 뒤지고 사진을 캡처했다. 내가 생각하는 대로 가게를 꾸밀 상상으로 마음속에 행복이 가득 찼었다.

열쇠를 받고 가게에 들어서니 제대로 정리되지 않은 공간은 휑하니 느껴졌고, 지난 일주일간 무엇으로 채울까? 했던 행복한 고민은 순식간에 사라지고 한숨이 왔다.
'장사라는 것이 이런 것이구나' 예측 불가능한 수많은 고비를 넘어야 하는 과정을 겪었을 텐데, 장사하는 선배들의 추진력과 기획력에 손뼉을 마구 쳐주고 싶어졌다.

식당 테이블과 의자, 오랫동안 사용해 긁히고 묵은 때가 구석구석 자리 잡은 집기들을 치워야 했다. 바닥이나 천정 공사를 시작하기 위해 먼저 버리는 작업부터 시작했다.
대부분 내가 사용할 수 없는 집기이거나 사용감이 오래되어 꺼려지는 것들이었다. 막상 통째로 버리려니 아까워서 내가 사용할 수 있는 것, 사용감이 좀 덜한 것을 빼놓고 나머지는 해체해서 버리거나 중고매입 하는 곳에 판매했다.

오랫동안 손때가 묻은 기사식당의 공간과 집기들을 그대로 이어받아 손보려니 정말 할 일이 산더미였다.

직장생활을 하면 업무가 분담되어있어 내 일만 잘하면 되고, 내 일과 관련 없는 일들은 다른 부서에 이관하거나, 도움을 요청하면 해결이 되었었다. 내가 직접 관여하지 않아도 해결이 되기에 궁금해 본 적이 없었고 할 필요성도 없었다.

장사는 1부터 100까지 내 손이 다 가야 한다. 내가 결정하고, 내가 공부하고, 알아봐야 한다. 사실 모든 것 하나하나 디테일까지 내 손이 가야 한다는 것은 생각보다 귀찮고 해야 할 것들이 많았다. 공사를 하는 동안 그리고 조금씩 가게를 운영하면서 웬만한 열정으로는 장사하기 어렵다는 것을 더더욱 많이 깨닫게 되었다.

> 장사는 1부터 100까지 내 손이 다 가야 하고
> 내가 결정하고 내가 공부하고, 알아봐야 한다.
> 사실 모든 것 하나하나 섬세함까지
> 내 손이 가야 한다는 것은 생각보다
> 귀찮고 해야 할 것들이 많았다.

공사를 하면서 처음 맞닥뜨린 일이 천장 공사였다. 천장 해체 작업을 하려고 이곳저곳에 확인해 보니, 인부 2명이 작업하는 비용과 폐기물 버리는 비용까지 합하여 견적이 대략 70~80만 원 정도였다. 나에게는 히든카드가 있었는데, 용달화물 일을 하는 아빠였다. 아빠와 상의해보니 연장을 이용해 뜯으면 하루에 마칠 수 있을 것 같고, 폐기물 버리는 업체만 잘 선택하면 저렴한 가격에 해결할 수 있겠다고 했다. 다른 땐 성격이 참 안 맞는 것 같지만 육체적 노동이 필요한 일이 생기면, '그렇게 그냥 우리가 할 수 있어!'라며 의견이 참 잘 맞는 나와 아빠다.

폐기물 업체에 전화를 돌려보고 가격을 확인했지만, 실제로 어느 정도 양인지 작업을 시작하기 전엔 감이 오지 않아, 작업부터 해보기로 했다.

먼지 구덩이 속에서 온종일 고개를 들고 천장만 바라보며, 계속해서 아빠는 장도리로 뜯고 나는 나르고, 뜯어낸 폐기물에 박힌 못에 찔리기도 하며, 반나절에 가까운 시간 동안 거의 말 없이 쉬지 않고 육체노동을 한 후에야 작업을 마칠 수가 있었다.

마스크를 쓰고 작업을 해도 콧속이 먼지로 꽉 막혀 코를 한번 시원하게 풀고 난 후에야 숨 쉬는 것이 편해질 정도였다. 아, 진짜 이것도 아무나 하는 게 아니구나.

해가 지기 전 폐기물을 처리해야 했다. 물에 젖은 솜처럼 무거워진 몸에 먼지를 뒤집어쓰고는 폐기물 처리장 몇 군데를 들렀다. 폐기물 처리장에서 일하는 분들은 무척이나 터프했고 무서웠다.

"가격가지고 흥정할 거면 다른 곳으로 가라"

우리에겐 흥정이란 없다는 말투로 대해 주눅이 잔뜩 들었는데, 세 번째 들른 곳에서 터프한 아저씨의 한마디에 바로 조용히 수긍했다.

"4만 5천 원! 깎고 뭐 그럴라면 그냥 가고!"
"네 알겠어요. 감사합니다."

전화로 폐기물 처리 비용을 알아봤을 때는 약 20만 원에서 그 이상의 비용이 발생될 거라 했었고, 방문했던 이전 두 곳의 폐기물 처리장에서는 10만 원, 15만 원을 부르던 가격이 단돈 '4만 5천 원'이라니! 아주 그냥 거기서 '라잇나우' 처리했다.

살아오면서 부모님께 금전적으로나 그 외의 것들에 대해 도움을 요청해본 일이 거의 없었는데, 히피스베이글을 준비할 때, 꽤 많은 것들에 대해 아빠의 도움을 요청했다. 생각보다 아주 흔쾌히

도와주신 아빠 덕분에 예상되었던 견적 70~80만 원에서 확 줄어든 4만5천 원으로 해체 작업을 마무리했다.
폐기물 처리장에 폐기물을 처리하고 돌아가는 길에 창밖으로 해가 지는 풍경을 보고 있자니 하루 종일 노동과 먼지로 찌들었던 몸과 마음을 보상받는 기분이었다.

아빠에게 감사의 마음으로 약간의 돈을 드리고 맛있는 저녁도 사드려 보람찼다. 나이가 들며 하고 싶은 것하고 살겠다고, 바쁘게 지내느라 소원했던 아빠와의 관계가, 온종일 함께 일하며 조금이나마 회복되는 듯해 좋았다.

천장 해체 작업도 직접 해서 돈을 절약해 기분이 좋았다. 무엇보다 이것저것 알아보면서 정보도 많이 얻고, 앞으로 이런 작업을 할 일이 생기면 잘할 수 있겠다고 생각이 들었다.
무언가 결정하고 시작하는 과정은 언제나 쉽지 않지만 '할 줄 아는 것이 하나씩 늘어간다는 것'은 내 삶을 살아가는 데에 큰 의미가 있다.

'지금처럼 앞으로도 난 무엇이든지 시도하는데 주저하지 않겠다.'

남들이 할 수 있으면 나도 할 수 있다

가능한 스스로 하고 싶었다

다른 사람들이 하는 것을 보면 나도 해볼 수 있지 않을까 생각하고 도전하는 편이다. 아마도, 히피스베이글 창업 준비를 하면서 지금껏 살아온 인생을 통틀어 셀프의 끝판왕을 달리지 않았나 싶다.

천장 철거작업 다음은 바닥공사였다. '도끼다시'라 불리는 바닥은 돌조각들이 색색 별로 박혀있고, 중간에 금줄이 쳐져 있는 올드한 느낌인데 요즘은 이 바닥으로 시공하지 않는다고 한다. 명색이 빵집이라고 하면 바닥이 깔끔해 보여야 하는데 이유 모를 구멍들로 곳곳이 패여 있어, 그냥 두고 사용하는 것은 무리라고 판단했다.

카페나 레스토랑 등에서 많이 사용하는 반짝반짝 광택이 나는 '빈티지 바닥'으로 하는 것이 좋겠다는 생각이 들어 인터넷으로 시공업체에 알아보니 약 100만 원 선에서 가능하나, 정확한 금액은 직접 확인해 봐야 알 수 있고, 금액이 추가될 수도 있다고 했다.

이런 답변은 나에게 상당한 고민을 안겨준다. 저렴하다고 선택한 업체에서 공사하는 도중 비용이 더 들 것 같다고 하면, 나는 선택의 여지 없이 받아들여야 하고, 몇 날 며칠 고심해서 업체를 고른 수고가 물거품이 되기 때문이다.

철거도 스스로 했는데 이것도 한번 시도해 볼까 싶어, 빈티지 바닥 셀프시공 사례를 찾아봤지만 당시 셀프로 시공하는 블로거가

많지 않아 자세한 내용을 확인하기 어려웠다. 시공업체들의 블로
그에는 '전문가들이 해야 하는 작업이며, 비전문가가 할 경우 바
닥이 기울거나 두껍게 시공되어 출입문이 안 닫히는 등 하자가 발
생되어 재시공해야 하는 경우가 많다'라는 내용이 많았다. 스스로
철거를 할 때보다 훨씬 더 망설여졌다. 그러던 중 빈티지 바닥 재
료를 판매하는 업체를 알게 되어, 통화했다.

"혼자서도 할 수 있을까요?"

"네 뭐 어렵지 않을 거예요"

"여자 혼자서도 할 수 있을까요?"

"아! 여자분이 혼자요? 음, 뭐 도와줄 분이 없으세요?"

"뭐 거의 혼자 하게 될 것 같은데요?"

"뭐 특별하진 않지만…"

처음엔 대답을 머뭇거렸던 업체 사장님이 곰곰이 생각을 해보더
니 시공방법에 있는 그대로만 하면 된다고 하였다. 하다가 모르는
것이 있으면 언제든지 전화를 주라고 했다. 사장님이 친절했기에
문제가 생기면 언제고 부담 없이 문의 할 수 있겠다는 생각이 들
었다.

"그럼 바로 주문할게요"

혹여, 망치게 되면 기존의 것을 다 긁어내고 새로 해야 해서 업체에 맡기는 것보다 두 배의 비용이 발생할 수 있다는 압박이 있긴 했지만, 일반 남자들도 할 수 있다고 하니 나도 할 수 있다고 생각이 되었다. 어차피 이래저래 돈이 많이 들기는 매한가지이니 실패하면 그때 다시 생각해 보기로 했다.

주문은 고심하며 알아보느라 거의 일주일이 걸렸지만, 배송은 주문 한 시간 만에 쏜살같이 달려와 줬다. 시멘트같이 생긴 가루 3포대에 혼자서는 들기 힘들 정도의 액체가 든 플라스틱 통도 3통이나 되었다. 부피도 크고 무거워 택배가 아닌 차량으로 배달하는 퀵 서비스를 이용해야 했으니 예상보다 많은 양에 놀랐다.

바닥 공사하는 작업을 혼자 할까 생각했었지만, 가게 안에 부피가 크고 무거운 집기들을 옮기는 것을 혼자 하기 힘들어서 누군가의 도움이 필요하다고 생각하긴 했었다. 정말 다행히도 내가 계획한 날짜와 아빠가 쉬는 날이 맞아서 다시 한번 아빠 찬스를 부탁했다.

아빠는 '도와줄 수 있다'고 하면서도, 새로운 것을 시도하는 일에는 걱정이 앞서는지 '이번은 업체에 맡기는 것이 어떠냐'고 했다. 이미 며칠을 검색하고 통화해서 알아본 후 '셀프로 해보자'는 마음을 먹은 상태였기에 시간이 아까워서라도 계획대로 해야 했다.

업체 사장님께 시공방법을 깨알같이 물어본 후 아빠에게 설명하고 함께 작업을 진행해 나갔다. 바닥 공사를 하려면 가게 바닥에 놓여 있는 것이 하나도 없어야 하기에 모든 물건들을 밖에 내놓았다.

매끈한 바닥이 되려면 바닥에 먼지나 쓰레기가 없어야 해서 바닥을 깨끗이 싹싹 쓸고 구멍이 생긴 바닥을 시멘트로 메우는 작업을 했다. 작업에 앞서 혹여나 구멍을 발견하지 못할까 분필로 일일이 체크 해놓고 꼼꼼히 시멘트로 메워 나갔다. 메운 곳들이 마를 동안 기다렸다가 또다시 청소하고 업체 사장님께 깨알같이 물어본 대로 미장 도구를 들고 바닥공사를 시작했다.

공사는 예상했던 이틀보다 하루가 더 걸렸는데, 바닥공사를 하는 것보다 물건들을 내놓고 들여놓는 작업을 매일 반복하는 것이 훨씬 더 힘에 부쳤다.

바르고 말리고 덧바르는 반복 작업이 필요했는데, 어느 정도가 완벽히 마른 것인지 감도 없는 데다가, 혹여 마르지 않은 상태에서 덧바르면 망칠 수도 있다는 생각이 들어 조심스러운 마음으로 장장 3일에 걸쳐 작업을 마쳤다.

사실 천장 철거 작업에 비하면 시간이 훨씬 더 걸리긴 했지만, 작업하는 시간은 짧고 말리는 시간이 길었기에 체력적인 면에서 훨씬 소모가 덜했다. 하지만 현실은 3일간 짐 나르고, 바닥에 쭈그려 앉아 미장하고, 쓸고 기다리느라, 수고가 정말 많았다.

바닥공사를 스스로 하고나니 피로감이 어마어마했다.
이런 작업이 왜 인건비가 대부분을 차지할 수밖에
없는지를 깨닫고, 나중에 돈 많이 벌면
전문가에게 맡기는 것도 좋겠다는 교훈을 얻었다.

뭐, 과정이야 어찌 되었든 작업을 시작한 지 3일 만에 반짝반짝 만족스러운 빈티지 바닥을 얻게 되었고, 100만 원이 든다는 비용이 재료비 30만 원으로 마무리되었으니 무슨 말이 더 필요하겠는가.

천장 철거 작업에 이어 바닥공사를 스스로 하고나니 노동으로 인한 피로감이 어마어마했다. 이런 작업이 왜 인건비가 대부분을 차지할 수밖에 없는지를 깨닫고, 나중에 돈 많이 벌면 전문가에게 맡기는 것도 좋겠다는 교훈을 얻었다.

사실, 3년이라는 시간이 지난 지금에 와서 보니 군데군데 손봐야할 것들이 눈에 띄기 시작하는데, 아마도 스스로가 아닌 전문가가했다면 더 완벽하고 깔끔하게 되지 않았을까 싶은 생각이 들었다. 뭐, 그래도 3년을 잘 썼으니 그것으로 되었다.

오픈 준비하는 시간을 길게 잡았기에 천천히 알아보고 비교하며준비를 할 수가 있었고, 그로 인해 비용이 생각보다 많이 줄었다. 이전에 공방 등을 하면서 경험해 보니, 뭔가 사거나 고치려 할 때시간에 쫓겨 진행하게 되면 생각한 비용보다 돈이 더 들거나 바가지를 쓰게 되는 경우가 많았다. 큰돈이 들어가는 일엔 최대한 시간적 여유를 갖고 꼼꼼히 알아보려고 했다.

요즘은 베이글을 만들고 가게도 운영하느라, 시간이 예전만큼 많지가 않다. 마음에 여유가 생기지 않아 예전처럼 직접 알아보거나스스로 하지는 못하고 사람을 불러서 처리하게 되는 경우가 많다. 그때와는 다르게 돈을 벌고 있기에 '한정된 내 시간과 체력을 위해 더욱 합리적인 선택을 하는 것이 맞다'는 생각을 한다.
긴 시간 오픈 준비를 스스로 하며, 나의 로망이었던 베이글 가게를 한땀 한땀 직접 만들어갔다. 이런 과정들 속에 투자한 시간과열정이 가게를 잘 키워서 '알음알음 찾아오는 가게로 만들어야겠다!'는 의지를 더욱 견고하게 해 준 것 같다.

오픈 준비하는 시간을 길게 잡았었기에
천천히 알아보면서 비교하며 준비를 할 수가 있었고,
그로 인해 비용이 생각보다 많이 줄었다.

생소한 것들을 혼자 알아보고 결정하고 실행하는 과정들이 절대 쉽지 않았지만, 그 과정에서 얻은 깨달음과 명확해진 삶의 태도가 있었다. 무언가 새롭게 해야 하는 데 익숙하지 않은 일이라, 어떻게 해야 할지 난감할 때 그 일을 해낸 사람들을 찾아보고 생각해 본다. '저 사람은 이걸 어떻게 했을까?'에서 시작해 짧은 시간 안에 긍정적인 결론을 내리게 된다.

'저 사람도 했으니 나도 할 수 있을 거야, 똑같진 않더라도 시간이 오래 걸리더라도. 내가 이전에 그렇게 해 왔던 것처럼!'

예상치 못한 위기가 더 많다

-

무엇보다 중요한 건 스스로에 대한 자신감과 믿음

가게 인테리어 작업을 시작하는 첫 주엔, 걱정 반 열정 반이었던 것이, 하나씩 정리가 되어가는 모습을 지켜보며 걱정이 조금씩 덜어졌다. 그에 맞춰 활활 타오르던 열정도 조금은 사그라들었다. 내 열정과 쏟아부은 노력보다 눈으로 보이는 성과가 더딘 이유였던 것 같다.

철거작업과 바닥공사 하는 것만 일주일이 지나갔다. 하지만, 인테리어엔 문외한이기도 하고, 성격 탓에 하나씩 처음부터 새롭게 알아보는 작업이 너무 많이 걸렸다. 꼼꼼히 이곳저곳 비교하며 알아보고, 결정할 것 같다가도 내가 한 결정이 매우 탁월하다는 확신이 든 이후에야 결정을 할 수 있었다.

뭔가 하나가 마무리되지 못하면 찝찝한 맘이 들어 다른 일에 집중하지 못했다. 앉으나 서나 누워서도 계속 핸드폰을 손에서 놓칠 못하고, 거의 한 달째 셀프 인테리어에 갇혀 사는 중이었다.
필요한 물건을 사는 것도 하나, 두 개 살 때나 '탕진잼'이 있을 뿐, 수십 가지 물품을 구매해야 하는데 건건이 가성비를 비교하는 것에 지쳐버렸다.
평소 운동을 좋아해서 틈나는 대로 해왔는데, 가게 오픈 전까지 오로지 가게에만 집중해야 한다는 생각에 아무것도 하지 않았더니 온몸이 무겁고 축 처지는 것 같았다.

몸으로 하는 노동은 차원이 달랐고, 쓰지 않던 근육을 이곳저곳 쓰다 보니, 노동의 피로감이 하루 이틀 쌓여 온몸 구석구석이 욱신욱신 쑤셔오니 왠지 모르게 처량했다. '아, 몸으로 일하는 것이 정말 쉬운 것이 아니구나!! 나중에 돈 벌면 그때는 최대한 전문가들에게 맡기는 방향으로 해야겠다.'

일은 해도 해도 끝이 없었고, 정리될 기미가 보이지 않는 쾌쾌한 공간에서 가게 공사하느라 고군분투했다. '이러다가 언제쯤 빵을 구워볼 수 있을까, 그날이 오긴 할까?' 막막했다.

바닥 공사 후 페인트칠은 페인트 시공 아르바이트를 하고 있던 '아는 오빠' 찬스를 썼다. 재료만 따로 산 후 칠을 끝내자 뭔가 80% 넘게 완성된 느낌이 들었다.

조명도 인터넷을 통해 직접 구매해 시공을 도전해보려 했지만, 벽도 뚫어야 하고 오븐을 위한 전선을 두꺼비집에서 뽑아야 하는 작업도 있어, 전문가인 동네 전파사 아저씨를 섭외해 설치했다. 지난 일주일간 불도 한번 못 켜고 작업하다가 조명을 설치하니 공사 시작 후 약 10여 일 만에 환한 가게 모습을 볼 수 있었다.

불을 켜는 순간, 지난 시간동안 노력해온 모든 것이 '나 좀 봐! 네덕에 이렇게 변신했어' 하며 반짝반짝 눈앞에서 빛났다. 감동의 눈물인지, 나 자신에 대한 기특함 때문인지 내 눈에도 살짝 눈물이 그렁그렁했다.

가게를 계약했을 때는 막막해서 한숨만 나오고, 해도 해도 끝이 없을 것 같았다. 어느 순간 가게 안의 풍경들은 놀랍게도 많이 바뀌어 있었다. 공사를 하는 내내 못 박는 소리, 천장 뜯는 소리에 수차례 방문하던 건물주 아주머니도 새롭게 변한 가게 모습에 만족하는 듯했다.

"어리고 여린 아가씨가 도대체 어떻게 가게를 하려나 걱정이 많았는데, 인제 보니 아주 똑 부러지게 잘하네. 기특해"

공사를 진행하며 조심해 달라고 수차례 당부의 말씀을 하신 탓에 신경도 많이 쓰이고, 전기공사하는 분들과도 약간의 트러블이 있기까지 했다. 이제라도 나에게 믿음이 간다고 하니 다행이었다. '그래 좋은 게 좋은 거지.'라고 생각하니 그간의 서운함이 조금은 누그러졌다.

난 늘 그래왔고 지금까지도 일을 벌이기 전까지는 이 과정이 얼마나 고되고 힘들지, 내가 과연 할 수 있을지에 대해서 크게 고민하거나 계산하지 않는다.

시작부터 하는 성격이라 언제나 고난과 역경이 엄습해 온다. '내가 벌인 일이니 수습해야지.'라고 하지만 정말 고생할 때가 많다.

이런 성격 때문에 '난 참 고생을 사서 하는구나! 왜 이렇게 피곤하게 살까?'라며 뼈저리게 깨닫지만, 또다시 새롭게 하고픈 일이 생기면 언제 그랬냐는 듯 또 시작한다. '어떻게든 될 거야, 그때가서 생각해보자'

일을 벌이기 전까지 과정이 얼마나 힘들지,
내가 과연 할 수 있을지에 대해서
크게 고민하거나 계산하지 않는다.

사업도 마찬가지지만, 무슨 일이든지 하다 보면 예상했던 것들보다 예상치 못한 위기가 더 많다. 하지만, 내가 아닌 다른 누군가도 겪었을 상황 일지도, 혹은 나보다 훨씬 더 힘든 상황을 극복해 낸 이름 모를 선배가 있을 테니, 나도 잘 해결할 수 있을 것이다.

밥을 먹지 않아도 배가 불렀다

–

내가 좋아하는 일을 스스로 잘하고 있구나

가게 문을 처음 연 그날이 아직도 또렷이 기억난다. 우리 가게는 역세권에서 꽤 떨어져 있어 버스를 타고 네 정거장이나 들어와야 한다. 인적이 드문 이면도로에 있어 지나가다 들르는 것은 거의 불가능하다. 그 동네나 골목 근처에 살아서 늘 그곳을 다니는 사람들밖에 없었다.

제대로 된 간판이 없어, 창밖에서 가게 안만 기웃거리다가 가버리는 사람들도 있었다. 그것을 볼 때마다 마음이 끊임없이 아래로 떨어지는 느낌이었다.
인적이 드문 골목에 있는 가게가 믿음이 가질 않았는지 조심스레 몸의 반만 출입구에 걸쳐놓고, 한눈에 휙 구경만 하고 그대로 문을 닫는 손님도 정말 많았다.

그런 손님이 오갈 때마다 초조하고 불안했다. '인사라도 열심히 해야지!' 내가 만든 베이글을 좋아할지도 미지수였기에 내가 가장 잘하는 '활짝 웃으며 90도로 인사하기'만이라도 잘하자고 했었다.

며칠이 지나자 입소문이 나기 시작한 건지 가게 밖에서 별 고민 없이 당차게 들어오는 손님들이 점점 늘기 시작했고, 어제 본 손님이 오늘도 내일도 오기 시작했다. 구석진 곳에 있는 가게를 어떻게들 알고 찾아와 주는지, 오느라 골목을 뺑뺑 돌며 헤맸다고 말하는 손님에게 몸 둘 바를 모를 정도로 감사했다. 오픈하고 한 달도 안 되어 내가 준비한 베이글이 3~4시면 마감되기 시작했다.

베이글이 전부 팔릴 때면 가게 출입문에 '오늘 준비한 베이글은 모두 소진되었어요! 내일은 더욱 맛있는 베이글을 준비하겠습니다.'라고 적어 놓는데, 분필로 한자 한자 내용을 적어 내려갈 때면 '나는 행복하고 복 받은 사람으로 세상이 참 아름답다'는 생각이 머릿속과 마음속에 가득 찼다.
오늘 얼마를 벌었는지는 중요한 것이 아니었다. 이래서 장사를 하는구나! 그렇게 내가 고대하고 기다리던 베이글을 손님들에게 선보이고 '나의 베이글'을 긍정적으로 평가해주고 또 찾아 줄 때의 보람과 성취감! 장사하는 즐거움과 행복을 몸소 체험하고 있었다.

'오픈발'이라고 하면 보통 '한두 달은 간다'라고 했지만, 좁은 10평 가게(주방을 제외하면 5평 남짓)에 6~7명의 손님이 줄을 서 있는 모습이 몇 달이 넘도록 연출되는 것을 보면 바쁜 와중에도 감사해 어쩔 줄을 몰랐다.

한 달 동안 매일 오는 손님도 있었고, 친구 소개로 왔다는 손님도 생기기 시작했다. 그러더니 우리 동네 반경 1km를 벗어나 노원, 석계, 월계, 성북동 등 멀리서 오는 손님도 하나 둘 생기기 시작했다.

손님들이 방문해서 '멀리 OO에서 왔어요!'라고 말할 때마다, 어안이 벙벙했다. 이런 일이 일어나다니, 이게 사실인가? 믿을 수가 없었다.

빵 만드는 일에 아직 손이 빠르지 못해 조금씩 능력껏 만들어 팔았던 것이, 한두 달 지나자 점점 손에 익기도 하고 팔리는 양도 늘어나 점차 만드는 양을 늘려갔다. 일이 익숙해져서 베이글 만드는 속도나 포장해주는 속도가 빨라졌지만, 한 번에 밀려드는 손님을 감당하기는 쉽지 않았다.

땀을 뻘뻘 흘리고 고군분투하며 혼자 일하는 내가 안스러웠는지 '죄송합니다. 잠시만 기다려주세요.'라고 말하면, 신기하리만큼 손님들은 불평 없이 기다려주고 '천천히 하세요'라며 포장도 스스로 했다. 그때마다 감사함에 가슴이 뭉클했고, 내가 무슨 복을 받아서 이렇게 '세상이 나를 돕는구나'라고 느낄 정도였다.

온종일 타이머와 밀려드는 손님들에게 쫓겼지만, 모든 것이 잘되고 있으니 장사하는 사람으로서 최고의 시기를 누리고 있다고 생각했다.

일하는 동안에는 힘든 줄 모르고 일했지만, 하루 15시간 동안 하루를 분과 초단위로 타이머를 맞춰가며 뛰어다닌 몸은 퇴근 시간이면 한 번에 피로가 몰려왔다.

모든 일을 끝내고 저녁 9시에 퇴근을 할 때면 걸어서 5분도 안 걸리는 집까지 걸어가는 걸음이, 극기훈련으로 발목에 쇳덩어리를 찬 것처럼 무거웠다. 그래도 뿌듯하고 만족스러웠고 한없이 행복했다.

온종일 타이머와 밀려드는 손님들에게 쫓겼지만,
모든 것이 잘되고 있으니 장사하는 사람으로서
최고의 시기를 누리고 있다고 생각했다.

내 꿈이었던 창업을 이렇게 성공적으로 해내고 있다니! 하루하루가 상상 못 할 정도로 행복했고, 한동안 꿈인지 생시인지 믿기지 않았다.

끼니를 빵과 삼각김밥으로 때우며 15시간 이상의 고된 하루 일정을 꼬박 서서 보낼 수 있었던 것은 '내가 좋아하는 일'을 '내가 잘해내고 있구나'라고 느껴서가 아니었을까. 그때 알았다 밥을 먹지 않아도 배부른 기분이 어떤 것인가를.

Chapter 03

베이글만 굽고,베이글만 먹었다

월급을 받는 만큼 자기 벌이를 한다
—

건강이 가장 기본이다

새벽 5시 반이면 가게에 출근한다. 출근하자마자 미리 준비해 둔 반죽과 함께 일과를 시작해 약 두, 세 시간 후 첫 베이글이 나온다. 종류별로 모든 베이글이 구워져 나오면 오후 2시 정도가 된다.

오픈 시간은 11시지만, 오픈하기 전, 베이글을 만드는 중간마다 손님이 오면 밀가루 묻은 손을 씻고 빠른 걸음으로 잽싸게 나간다. 베이글을 포장하고 계산한 후 다시 손을 씻고 만들기를 수차례 반복하느라 오픈 시간이 되기도 전에 정신이 없다.

오픈을 하고 나서도 계속되는 베이글 만들기와 손님 응대가 번갈아 가며 계속되다 보니, 하루에도 정말 수십 번 손을 씻으러 왔다 갔다 정신이 없다. 서두르는 나의 모습을 보며 안스러웠는지, "괜찮아요 천천히 주셔도 돼요." "저희가 담아갈까요?"라며 기꺼이 기다려주는 손님들 덕분에 나의 피로와 수고에 대해 토로하는 것은 사치처럼 느껴진다.

2시경, 베이글 만드는 작업을 다 마치고 나면 늦게나마 점심을 먹는다. 작업 중간에 손님이 방문해 '스콘 아직 안 나왔나요?', '브라우니 언제 나오죠' 문의 후 가버리는 경우가 생기면 내가 빨리 만들지 못해 손님이 헛걸음한 것이 너무나 마음에 걸린다. 그러면 미처 먹지 못한 삼각김밥을 데워 입안에 구겨 넣듯이 넣고, 스콘이나 브라우니, 베이글 칩 등 과자류를 굽기 시작한다.

그렇게 점심을 챙겨 먹을 시간도 없이 과자 종류를 구우며 판매와 포장을 하다 보면 새벽에 시작한 일은 정말 눈 깜짝할 사이에 오후 6시가 되어 출근 때와 비슷하게 어둑어둑한 밤이 된다.

그렇게 6시가 넘어 정신을 차리고 보면 장장 13시간 동안 쉴 틈 없이 움직여온 나의 몸 상태는 '지친다'는 말로 표현하기에는 부족할 정도다. 마치 내 몸에 팔다리가 근력 하나 없이 대롱대롱 매달려 있는 느낌이다.

싱크대에 더 쌓을 수가 없을 정도로 꽉 찬 설거지를 하러 십분 간 바라보다가 '설거지를 해야 한다'는 의지만으로 팔을 들어 싱크대 위에 올린다.

팔의 근력으로 설거지를 하는 것이 아니라 '설거지를 어서 끝내자'는 목표에 따라 팔이 수세미 잡은 손을 동력 없이 흐름에 따라 쫓아가는 느낌이었다. 마치 자동차 세차장에서 위아래로 털 뭉치가 스쳐 지나가는 듯이 내 손에 쥐어진 수세미로 설거지 한다.

설거지를 마치고 이것저것 정리를 한다. 다음 날 필요한 반죽을 하면 8시 마감 시간이 되고, 청소나 이것저것 바빠서 처리하지 못한 일을 하면 저녁 9시가 되어 퇴근한다.

점심도 간편하게 먹을 수 있는 것을 찾느라, 평소엔 즐겨 먹지 않던 삼각김밥으로 자주 때우게 되었다. 그것조차 데워먹을 시간이 없을 땐 일하는 중간중간 베이글을 한 입씩 먹으면서 일한다.

혼자 일하므로 완전한 멀티 플레이어가 되어야 했다. 잠시라도 한눈을 팔거나 집중을 하지 않으면 베이글 반죽이 과하게 발효되거나 오븐 속에서 베이글이 타버리면 모두 버려야 한다.
하나라도 실수하거나 지나치면 망쳐버린다는 생각에 일하는 중에도, 다음에 첫 번째로 할 일, 두 번째로 할 일, 세 번째로 할 일을 계속 입으로 외우며 하나씩 해갔다.
'이거 끝나고 반죽을 계량하고, 크림치즈를 냉동고에서 꺼낸 후, 화장실을 다녀오자'
심지어 화장실 가는 시간도 없어 한 삼십 분 전부터 화장실 갈 시간을 계산해 놓고 참다가 가야 하는 정도였으니, 일하면서 멍하니 계속 중얼거리고 있는 내 모습을 누군가 봤더라면 '저 사람 정신나간 것 같다'고 했을지 모르겠다.

하루 15시간 넘게 일하면서도 의자에 앉아있는 시간이 15분도 안되었고, 혼자서 빵을 만들며 손님도 응대해야 했다. 하루에 그 좁은 공간에서 얼마나 분주하게 움직였는지, 사력을 다해서 일했다는 표현이 정말 꼭 맞는 것 같다. 그런데도 불구하고 마음만은 즐겁고, 보람차, '난 정말 복 받은 사람'이라고 생각했다.

하루하루가 똑같이 계속해 반복되었지만 익숙해지기는커녕 설거지하는 때가 오면 언제나 팔이 움직이지 않는다. 히피스베이글을 하기 전까지만 해도 체력은 어디 가서도 지지 않을 만큼 좋다고 생각했던 나였다. 일이 힘들어서인지, 아니면 내가 나이 먹어 예전보다 체력이 떨어진 것인지, 감당하지 못할 정도의 피로감에 나스스로 적응이 힘들었다.

> 하루 15시간 넘게 일하면서도 의자에 앉아있는 시간이
> 15분도 안 되었고, 혼자서 빵을 만들며 손님도
> 응대해야 했다. 하루에 그 좁은 공간에서
> 얼마나 분주하게 움직였는지, 사력을 다해서
> 일했다는 표현이 정말 꼭 맞는 것 같다.

그렇게 팔다리가 후들거릴 정도로 사력을 다해 6개월 정도 보냈을 즈음, 저녁 식사를 하고 잠자리에 누웠지만 온몸이 가려워 잠을 제대로 잘 수가 없었다.
잠을 못 자 팅팅 부은 눈으로 가려운 곳을 보니 두드러기 같은 것

이 크고 작게 옹기종기 모여 있었다. 생전 음식을 먹고 두드러기라는 걸 나본 적이 없는지라 당황했다. 어떤 음식 때문에 두드러기가 나는지 몰라 밀가루나 고기가 들어가지 않은 채식을 해도, 식사 후 몇 분 지나지 않으면 팔에 울긋불긋 두드러기가 올라오고 가렵기 시작했다.

과일이나 채소를 먹어도 그중 어떤 것은 두드러기가 나고 어떤 것은 안 나고, 생것과 날것의 차이도 아닌 기름진 것과 기름지지 않은 것의 차이도 아니었다. 음식 리스트를 다 적어봐도 특정 카테고리가 없어 음식의 어떤 성질에 따라 그런 것인지 전혀 가늠할 수가 없었다. 한번 두드러기가 생긴 그날 밤 이후로 흰 쌀밥과 김치가 아닌 다른 것을 먹으면 5분도 안 되어 두드러기가 났다.

처음엔 식중독인가 싶어 약을 지어 먹었지만, 차도가 없어 피부과나 가정의학과도 가봤으나 전혀 나아지지 않았다. 하루 15시간 넘게 일하는 내가, 겨우 챙겨 먹는 하루 두 끼를 흰 쌀밥에 김치만 먹으며 버티는 건 정말 힘들었다.

그렇게 석 달이 넘도록 두드러기는 계속되었다. 개점하고 단 한 번도 가게를 비운 적이 없었는데, 이대로 계속 못 먹다가는 쓰러질 것 같아 지인에게 가게를 맡기고 유명하다는 병원에 가봤지만, 역시 별다른 차도가 없었다.

기운이 없으니 빵 만드는 것이 예전만큼 즐겁지 않았다. 그래도 손님들이 밝은 얼굴로 가게에 올 때면, 내 얼굴에 자동으로 미소가 번졌다.

처음엔 단순한 두드러기일 거라고 생각했었는데 시간이 지나도 나아질 기미가 전혀 보이질 않았고, 식사를 제대로 못 하니 점점 살이 빠지고 체력이 떨어지는 느낌이었다. '이대로 평생 낫지 않고 고생하는 것은 아닐까?' 걱정되기 시작했다.

그렇게 영문을 알 수 없는 두드러기로 고통받던 중 공휴일과 주말이 껴있어 3~4일동안 가게 문을 닫고, 집에서 잠만 푹 잤던 날이 있었다. 거의 2~3개월을 고통받았던 두드러기가 거짓말처럼 사라졌다.

나중에 알게 되었지만, 면역력이 떨어져 생기는 두드러기였다. 하루 15시간 넘게 바쁘게 마음을 졸이며 일하면서, 끼니도 제대로 챙기지 못하니 내 몸이 견디지 못했던 것이었다.

내가 하고 싶었던 일이고 내 의지로 시작한 일이었고, 기대했던 것보다 반응이 좋아 너무 신이 나 있었다. 마냥 기뻐서 몸이 힘든 것을 방관한 채 달렸던 결과였다.

아프고 나서 얻은 교훈이 있었다. '아무리 일하는 것이 즐겁다 해도, 내 몸이 아프면 다 소용이 없구나.' 누구나 알고 있는 사실이지만 막상 닥쳐보지 않으면, 소홀히 여기게 되고 지금 눈앞의 즐거움만 중시하게 되었다.

혼자서 한창 고군분투하던 때, 엄마 나이 정도 되는 아주머니가 와서 해준 말씀이 기억났다.
'혼자서 이렇게 다 하려고 하다가는 몸도 상하고 발전이 없어요. 사람을 쓰면 월급을 받는 만큼 자기 벌이를 하게 되어 있으니, 너무 고민하지 말고 사람을 한번 써 봐요.'
창업 계획을 세울 때만 해도 계속 혼자서 일할 생각이었기에 직원 두는 것은 전혀 고려 해 본 적이 없었는데, 아주머니가 해준 말이 계속 마음속에 남았다.

일 년 동안 고생할 만큼 충분히 했고, 더는 혼자서 끌고 가는 것이 무리겠다 싶었다. 고심 끝에 가게 오픈 일 년 만에 새로운 직원을 영입하기로 했다.
마침 남동생이 일을 그만두게 되어 함께 했고, 1년 반 뒤에는 아르바이트를 뽑았다. 지금은 1명의 직원이 더해져 총 4명이 일하고 있다.

물론, 일하는 사람이 늘어난 만큼 월급을 책임져야 하는 책임감이 늘어났다. 새로운 이익을 창출해야 하는 부담감도 늘어났지만, 시

간의 여유가 생긴 덕분에 이벤트나 마케팅, 신메뉴 개발 등에 집
중을 할 수 있었다.

아주머니께서 해주신 조언처럼, 일하는 사람 수가 늘어난 만큼 매
출은 늘어났고, 직원들의 월급과 공과금, 재료비를 제외한 순수익
도 늘어났다.
함께 일하는 사람들이 늘어나니 혼자 일할 때는 미처 보지 못했던
것, 비효율적이었던 것, 차마 손대지 못했던 것을 하나씩 해 나갈
수 있어서 발전되는 모습도 만족스러웠다. 또 덕분에 체력도 좋아
지고 많이 건강해졌다. 건강해지니 빵을 만드는 일도 훨씬 더 재
밌어졌다.

> 함께 일하는 사람들이 늘어나니, 혼자 일할 때
> 미처 보지 못했던 것들, 비효율적이었던 것들,
> 차마 손대지 못했던 것들을 하나씩 해 나갈 수 있어
> 발전되는 모습이 만족스러웠다.

마음의 여유가 하나도 없이 다음 할 일을 주문 외우듯 하며 일 했
던 전과는 다르게, 부풀고 있는 반죽을 흐뭇하게 바라볼 줄 아는

여유와 일을 즐겁게 할 수 있는 여유가 많이 생겼다.

모르는 사람이 보면 이상하게 보일 수 있겠지만, 요즘은 빵 반죽
이 뽀송뽀송 자라는 것이 너무 귀엽고 마냥 기특해서 '기특하다
기특해, 예쁘다 예뻐'라고 혼잣말을 하기도 한다.

가게를 시작할 땐 하고 싶은 일을 하며 즐겁게 살고 싶어 시작했
던 거였는데, 장사가 잘되니 마치 장사가 잘되는 것에 중독되어
내가 먹는 음식이나 휴식도 삶의 즐거운 부분이었다는 걸 잊고 있
었다. 가게를 한 지 4년이 넘어가는 지금도 가끔 생각한다.

'내가 하고 싶어서 했던 일이지만, 어느새 내가 일의 노예가 되어
있지는 않은지, 생각하는 대로 사는 것인지'

내 정년퇴직은 스스로 정하고 싶었다

빵 하나는 기가 막히게 만드는 할머니

직장생활을 하면서 가장 받아들이고 싶지 않았던 것이 '정년 퇴직'이었다. 충성을 다해 같은 업종 또는 한 회사에서 적게는 몇 년, 많게는 40년 이상 일을 하다가도 정년퇴직을 해야 하는 나이 가 되면, 내 의사와 능력, 지위를 막론하고 그만둬야 한다. 그간 수 고했다는 인사만이 반겨줄 뿐이다.

인생을 바쳐 일해 온 직장에서 여태 쌓아 왔던 모든 것들이 추억 과 영광으로만 반짝반짝 남는 것이 정말 행복한 것일까?

아직 젊어 일을 안 하고는 살 수 없어 일을 찾아다니지만, 쌓아온 모든 것과는 관계없이 내 나이와 체력에 맞는 일을 선택해야 하는 것이 현실이다. 한평생 바쳐서 해 온 일이 아무리 전문적이어도, 정년퇴직하면 모든 것이 영광으로만 남는다는 현실은 생각만 해 도 가슴이 먹먹하다.

게다가 정말 운이 좋고, 그에 상응하는 시간과 노력을 투자해야 정년퇴임까지 다닐 수 있다. 정년퇴임을 해야 하는 시간이 오면 내가 그 상황을 담담히 받아들일 수 있을까? 아, 정말 생각하기도 싫었다.

더욱이 회사란 내가 정말 좋아해서, 열정에 불타올라 하는 것도 아니고, 오로지 돈을 좇아야 하는 직장생활이었기에 통장에 월급이 꼬박꼬박 들어오고, 적은 금액이나마 적금으로 매달 불어나는 돈을 보는 것이 유일한 즐거움이었다.

그래서 결심했다. '나는 정년퇴임이라는 것과는 상관없이 내 의지에 따라 일하는 사람이 되어야겠다'고. 나이가 많아서 정해지는 정년퇴임이 아니라 내 의지에 따라 스스로 정년퇴임을 정하고, 내가 인정받고 잘하는 일을 해야겠다고 생각했다. 문득 생각난 사람이 '국밥집 할머니'였다.

|

내 의지와 관계없이 나이가 많아서 정해지는 정년퇴임이
아니라 내 의지에 따라 스스로 정년퇴임을 정하고, 내가
인정받고 잘하는 일을 해야겠다고 생각했다.

|

국밥집을 3대째 운영하는 가게에는 창업주인 할머니가 86세가 되어서도, 국밥을 끓이고 손님을 맞이한다. 어렸을 적부터 먹어오던 추억의 맛을 성인이 된 손님들도 찾아온다.

할머니는 '50년째 가게를 운영하고 있다.' 말하며 굽은 허리에 거동이 불편해도, 커다란 국자를 솥에 넣고 휘휘 저으며 간을 보는데 자부심과 포스가 대단했다.

50년 동안 국밥만 끓이는 게 뭐가 어렵겠어? 라고 생각할 수 있겠

지만, 계절마다 우거지, 된장, 고춧가루의 맛이나 상태가 다른 것을 쭉 지켜본 분이 할머니일 것이다. 재료의 상태 혹은 시시각각 변하는 상황들에 대처하며, 한결같은 맛을 유지하려 최선의 노력을 다했으니, 대대손손 물려줄 수 있는 가게를 지켜올 수 있지 않았을까.

빵도 마찬가지다. 50년 동안 국밥을 끓여 온 할머니와 비교가 안 되겠으나, 빵을 본격적으로 만들기 시작해 5년이라는 시간이 흘렀다. 해를 거듭할수록 '밀가루와 점점 친해지고 있고 조금씩 더 알아가고 있구나'라고 느낀다.

같은 밀가루라도 계절이나 날씨에 따라 미세하게 변해서, 물의 양이라던가 발효 시간, 발효 온도 등을 다르게 해야 한다. 지난 시간 동안 나는 밀가루와 더 친해지려 저온발효, 냉동, 발효시간 등을 조절하고 새로운 발효종을 넣기도 하고, 밀가루도 바꿔보고, 비율도 달리해 연구하고 시도했다.

5년 동안 얼마나 많은 베이글을 굽고, 얼마나 많이 베이글 생각을 했을까? 다행히도 그렇게 많은 베이글을 굽고 연구한 성과가 있었다. 손님들은 내가 만드는 베이글이 점점 더 맛있다고 했고, 계절과 날씨 재료에 따라 미세하게 차이를 주어 만들며 기복 없이 같은 맛을 유지하려고 노력했다.

빵 공부는 하면 할수록 욕심나고, 알면 알수록 과학적이라는 생
각이 든다. 학기 중에 바쁜 일정을 소화하다 보면, 시간에 급급해
베이글을 굽는 데만 정신이 없다. 그러다 조금 여유가 있는 방학
(1~2월, 7~8월)이 오면 베이글이 발효되는 모습을 주의 깊게 지
켜보게 된다.

하나하나의 과정을 더욱 음미하며 만들다 보면 이 일이 얼마나 즐
겁고 행복한 일인지 다시금 깨닫게 된다. TV에서 보았던 86세 국
밥집 할머니와 비슷한 나의 먼 미래를 떠올린다.

|

하나의 과정을 음미하며 만들다 보면
이 일이 얼마나 즐겁고 행복한 일인지
다시금 깨닫게 된다.
TV에서 보았던 86세 국밥집 할머니와
비슷한 나의 먼 미래를 떠올린다.

|

지금은 반죽의 속도와 양에 맞춰 최대한 부지런히 움직여 빵을 만
들지만, 세월이 흐르다 보면 나의 기술과 경험치는 늘게 될지라도
빠릿빠릿함과 손동작은 지금 수준에 훨씬 못 미칠 것이다. 그때가
되면 지금보다 훨씬 더 내 일을 음미하며 엄청난 내공으로 '밀가

루의 신' 할머니가 되어, 한참은 느려진 손동작에 맞춰 천천히 더 맛있게 숙성되고 발효된, 깊이 있는 빵을 만들고 있을 것이다.

오늘도 '빵 하나는 정말 기가 막히게 만드는 할머니'가 되는 모습을 상상해 본다.

때로는 단순하게 생각하고 결정하기

–

여행이 맺어준 인연, 히피스베이글

빵집을 오픈하기 전 여러 가지가 고민이 되었다. 빵을 배우기는 했지만 보통의 제빵사가 가지고 있는 '제과·제빵사 자격증'이 있는 것도 아니었고(빵집을 하는데 자격증은 필요 없다), 실무 경험이 있는 것도 아니었다.

단지, 몇 종류의 빵을 만들 줄 알았고, 베이글에 관심을 갖게 된 이후로 베이글 만드는 것을 연구하고 연습했었다. 막상 가게를 오픈하기로 마음을 먹었을 땐 숨겨져 있던 고민이 한둘 씩 생기기 시작했다. '내가 아직 빵집을 오픈하기에는 이른 건가?'라는 생각도 들었다.

첫 번째로는 '빵집에서 실무경험을 쌓아 볼까?'였다. 실무경험을 하기엔 나이가 적지 않아 지인을 통해서가 아니라면 일자리를 구하기 쉽지 않을 것 같았다. 무엇보다 내가 원하는 빵집에서 일을 할 수 있을지도 의문이었다. 혹여 운 좋게 들어간다 하더라도 보통 빵집에 들어가면 처음부터 바로 배우지 못하는 경우도 있고, 빵 만드는 것 이외에 부수적인 일을 하느라 시간이 많이 소비될 것 같았다. 물론 경험이 없는 사람의 입장에서는 당연히 감당해야 하는 부분이다.

처음부터 내 장사에 대한 욕심이 있었다. 1년간 공방을 운영하면서 처음이라 실수하고 고군분투하더라도 혼자 알아서 처리하고 이끌어가는 것이 익숙해져 있었다.

1년이라는 시간 동안 혼자 하는 것에 익숙해져, 회사라는 시스템에 거부반응이 생긴 것이 '실무경험을 해볼까?'라는 것에 끌리지 않은 가장 큰 이유였다. 역시 의문이나 핑계가 많은 것은 '하기 싫다'는 증거였다.

두 번째로는 '제과·제빵 아카데미에서 공부해 볼까?'였다. 예전에 높은 시청률을 기록했던 '내 이름은 김삼순'이라는 드라마에서 프랑스에서 유학한 여주인공의 직업인 파티시에를 접하게 되었다. 많은 사람이 해외 제과 아카데미에 관심을 갖게 된 것처럼, 나역시도 그 드라마를 통해 해외 제과, 제빵 유학이라는 것에 대한어떤 환상 같은 것이 생겼었다.

그중 가고 싶었던 두 곳이 있었는데 한 곳은 프랑스에서 온 아카데미로 프랑스 스타일의 빵, 디저트 등을 배울 수 있는 곳이었고, 다른 한 곳은 일본에서 넘어와 일본 스타일의 빵이나, 과자를 배울 수 있는 곳이었다.

약 두 달여 동안 그곳에서 공부해 본 사람들에게 조언도 구하고, 각 아카데미의 커리큘럼이나 스타일은 어떻게 다른지 지인들을 통해 이것저것 알아보았다. 아무래도 보통의 한국 사람들 입맛에 가까운 일본 스타일을 배우는 것이 낫겠다 싶어 고심 끝에 일본 아카데미를 선택했다.

1년 동안 운영했던 케이크 공방을 정리하고, '1년에 한 달은 여행하자'는 나 자신과의 약속을 지키기로 한 첫해, 고심 끝에 여행을 떠나기 전 아카데미 입학일정에 맞춰 등록했다.

한 달간의 여행을 시작하고 약 보름이 지났을 무렵이었다. 내 미래를 위한 투자라고 자신을 설득했지만 약 6개월 과정에 천만 원이 넘는 수강료가 나에겐 너무나 큰 부담이었다.

"꼭 아카데미를 졸업해야 하나?"
"경험은 가게를 운영하면서 내가 쌓으면 되는 것 아닐까?"
"가게를 해 보고 실패하면 그때 다시 해보면 안 될까?"

고심 끝에 여행 출발 전 겨우겨우 결정했던 아카데미를 깨끗이 포기하기로 했다.

"고민 말고 우선 베이글 가게를 해보자"

일본에서 넘어온 아카데미는 한 학기에 6개월 과정, 일주일에 2일 수업을 듣는데 약 천만 원이 들고, 초급과 상급코스를 모두 마치려면 1년이 소요되며 이천만 원을 투자해야 했기에 상당히 부담되는 금액이었다.

일 년에 이천만 원이면, 창업하고 혹여 실패해서 이천만 원을 손해 보더라도 배우는 것이 훨씬 많을 거라는 생각이 들었다.

여행할 때의 나는 당장 내일 어디를 가고 어디에서 묵을지만 결정하고 모든 것들은 그곳에 가서 알아보고 결정한다. 그리고 계획되지 않은 것에서 오는 새로움과 낯섦을 즐긴다.

여행은 내 스타일 대로 쉽게 결정하면서 내가 하고 싶어 하는 일에 대해서는 왜 이렇게 결정이 힘든 걸까? 라는 생각이 들며, 처음에 하고 싶어 했던 것으로 돌아가자는 생각이 들었다. 그리고 귀국 후 아카데미 입학 취소를 요청했다.

결국, 히피스베이글을 오픈하게 되었다.

여행하는 동안, 즉흥적으로 단순하게 생각하고 결정하는 과정을 반복하면서, 생각하고 결정하는 방식이 여행의 패턴에 맞춰지며 단순해졌다. 사람들은 종종 나에게 여행을 하면 뭐가 좋냐고 묻는다. 여행할 때 스스로가 심플해 지는 것이 좋다.

난 여행 계획을 미리 짜놓지 않는다. 계획한다 한들 마음대로 되지 않는 경우도 많고, 막상 도착해서는 가고 싶고 하고 싶은 것들이 바뀌어 계획을 수정할 때가 많기 때문이다. 단순하게 그냥 나라나 지역만 정해놓고 떠난다.

나머지 것들은 그 곳에서 마주하는 상황과 여행 중 우연히 만나는 사람에 따라 결정한다. 패키지 투어나 관광지 앞에서 사진을 찍고 인증샷을 남기는 여행을 즐기는 것보다, 여행지에서 자연스럽게 예측불가능하게 일어나는 일, 만나는 사람들과의 에피소드를 즐긴다.

길어봤자 몇 달, 짧으면 며칠을 하는 여행도 예측하고 계획한 대로 하기가 쉽지가 않다. 더 긴 시간을 계획하는 직업이나 미래에 대한 계획은 왜 뜻대로 될 거라 생각하고 시간을 허비하는 것일까?

'여행을 하는 것처럼 단순하게 생각하고 결정해보자'라고 수없이 스스로에게 세뇌시킨 결과 지금의 히피스베이글을 생각보다 빨리 오픈할 수 있었다.

혹여 실패하게 되면, 창업에 투자한 돈은 아카데미와 바꾼 수업료라고 생각하자고 했었다. 물론 수업료가 아닌 나의 소중한 가게 히피스베이글로 지금까지 남아있다.

지금 생각해 보면 그때의 결정은 신의 한수였고, 시기적으로도 잘 맞았던지 생각한 것보다 훨씬 더 일이 술술 잘 풀렸다. 물론 모든 일이 다 잘되고 힘든 일이 없었던 것은 아니지만 매우 만족한다.

실패하게 되면 창업에 투자한 돈은
아카데미와 바꾼 수업료라고 생각하자고 했던 것이
수업료가 아닌, 소중한 가게
히피스베이글로 지금까지 남아있다.

나에게 여행은 새로운 상황을 마주하는 것을 익숙하게 만들어 주었고, 돌발적이거나 예측하지 못한 상황이 왔을 때 어떻게든 해결이 된다는 것을 알려주었다.

모든 것들을 여행 하듯이 단순하게 생각하고 결정하면, 고민하고 걱정하느라 하지 못한 것을 후회하는 것 보다 수십 배는 더 행복하게 살 수 있지 않을까 싶다. 그래서 나는 여행을 한다.

베이글만 굽고, 베이글만 먹었다

-

초심을 잃지 않아 다행이다

'베이글 전문점을 해보면 어떨까?'라는 생각을 하고 혼자 베이글에 대한 테스트와 연구를 시간 날 때마다 했었다. 하지만 가게 자리를 구할 때까지도 메인이 되는 빵 반죽을 어떤 레시피로 할지 마음에 드는 맛이나 식감을 찾지 못한 상태였다.

일 년 동안 운영해왔던 케이크 공방을 정리하면서 가게의 계약도 만료되었다. 그해 2월 스페인, 포르투갈 여행을 하는 동안 공방에 있던 오븐과 대부분의 기기를 집 창고에 둘 수밖에 없었다. 집에서는 오븐을 둘 자리도 없고, 전기 공사가 필요한 부분이 있어 켤 수도 없었다. 여행하고 가게 자리를 얻기 전까지 빵을 만들지 못해 손이 근질근질 했다.

가게 인테리어가 마무리되어 갈 즈음 베이글 반죽 테스트를 시작했다. 그때 돈이 많았다면, 어느 제과 기능장이나 유명한 베이글 전문점을 찾아가 비용을 지급하며 레시피를 사거나 돈을 내고 배우는 방법을 택했을 수도 있었겠지만, 나에겐 돈보다 시간이 많았기에 홀로 연구를 하며 오픈할 계획을 세웠다.

다양한 속 재료가 들어있어 차별화가 되는 스타일의 베이글을 판매할 계획이었기에 우선 기본이 되는 베이글을 잘 만들어야 했다. 그래야 어떤 토핑을 하던지 어떤 필링을 채우던지 맛있을 거라 생각했다. 피자를 예로 들면 도우가 맛있어야 하는 것처럼, 기본 베이글이 가장 중요했다.

너무 질기지 않고, 너무 부드럽지 않은 쫄깃한 식감의 베이글을 원했다. 발효시간을 길고 짧게, 발효종을 바꿔가며, 배합도 굽는 온도도 바꿔가며 테스트해봤다.

밀가루에 대해 공부도 하고 함께 빵을 배웠던 분들에게 조언도 구했다. 인터넷을 돌아다니다 발견되는 밀가루 포대 사진이 있으면 집요하게 이름을 찾아냈다. 이것저것 사서 사용하느라 가게에 여러 종류의 포대가 차곡차곡 쌓여갔다.

동네마트에서 1kg도 살 수 있는 밀가루와 달리 제빵용은 대부분 20kg이었다. 한 포대를 사도 테스트용으로 사용하고 나면 더 필요가 없었지만 내가 원하는 맛의 베이글을 만들기 위해서라면 주저 없이 구매했다. 뭔가를 살 때 이것저것 비교하느라 시간이 오래 걸리는 타입이지만, 고민 없이 묻지도 따지지도 않고 밀가루를 샀다.

아침에 가게에 가서 저녁까지 온종일 베이글만 굽고 베이글만 먹었다. 처음 며칠은 만드는 베이글을 한 개씩 온전히 끝까지 먹었지만, 일주일이 지나니 매일 같이 먹는 베이글이 질리기도 하고, 무엇보다 배가 불러 빵의 식감과 맛만 보고 뱉는 과정이 반복되었다.

맘에 드는 베이글이 나오면 다른 레시피로 여러 가지를 만들고, 지인들을 불러 맛 테스트를 부탁했다. 베이글을 씹을 때의 식감, 맛, 밀가루의 풍미 등 어떤 것을 선호하는지 개선점이 있는지 등 몇 가지 항목을 정해 세세하게 물어보고 또다시 만들기를 반복했다.

수십 가지 레시피와 방법으로 만든 베이글을 각각 메모하고 테스트하는 과정을 거쳐 거의 두 달 만에 내가 원하는 맛에 가까운 기본 베이글을 찾을 수가 있었다.
가게에서 테스트하는 동안에도 언제 오픈 하는지 계속 문의를 주는 손님도 있었지만, 원하는 맛을 찾지 못한 상태에서 정확한 약속을 할 수 없었기에 '날짜는 미정'이라고 죄송하다 말씀드렸다.

그렇게 약 두 달이 지나고 가게를 오픈 했는데, 그간 연구하고 테스트한 보람이 있었는지 다행히도 반응이 나쁘지 않았다. 손님들은 맛을 이야기해주지 않기에 정확히 알 수는 없었지만, 베이글을 사 간 후 재방문하는 손님이 늘어가는 것을 보며 안심했다.

처음엔 그렇게 내가 원하는 레시피를 한번 만들어 놓으면 그걸로

끝인 거라고 생각을 했었지만, 그렇지 않았다.

쉬는 날만 되면 유명한 베이글 가게, 맛있는 빵집을 다니며 빵 투어를 했다. 빵 투어를 하다 보면 명성만큼 맛있지 않은 곳도 있었지만, 맛있는 빵을 맛보면 그런 날은 집에 와서 잠이 오질 않았다. 어떻게 저런 식감이 나오지? 저 광택은, 색은, 바닥의 노르스름함은, 어떤 과정을 거친 걸까? 너무너무 궁금했다.

내가 만든 베이글보다 다른 집 베이글이 맛있다는 생각이 들면, 아무리 손님들이 맛있다고 해도 자신감이 없어졌다. 언젠가 우리 손님들이 저 집의 맛있는 베이글을 먹어본다면 히피스베이글보다 맛있다고 할 텐데, 그럼 어쩌지? '여태 내가 맛없는 베이글을 먹고 있었구나'라고 생각하면 어쩌지 혼자 노심초사했다. 손님들은 점점 늘고 있었지만, 만족하지를 못했다.

베이글이 정말 맛있다는 생각이 들면, 일하는 게 날아갈 듯 즐겁다가 더 맛있는 베이글을 맛보면 마음이 불편했다. 남의 베이글은 맛있어도 즐겁게 즐기지 못하고 한 주 동안 머릿속이 복잡했다. 다시 책도 뒤지고 인터넷도 검색해 가며 어떻게 만들어졌을까 몇 가지 반죽을 테스트해보기 시작한다. 가게를 운영한 3년여의 시간 동안 이런 일은 분기별로 반복된다.

'요즘 경기가 안 좋아요'라는 말을 가게 시작하기 전부터 계속 들

으며 시간을 보내는 동안 사실 경기가 얼마나 안 좋은지 체감 못
할 정도로 가게는 꾸준히 성장하고 있다. 그런데도 내가 만든 베
이글 보다 더 맛있는 베이글을 맛보게 되면 만감이 교차하면서 그
렇게 또 베이글 반죽을 테스트한다.

|

맛있는 빵을 한번 맛보면 그런 날은 집에 와서
잠이 오질 않았다. 어떻게 저런 식감이 나오지?
저 광택은, 색은, 바닥의 노르스름함은,
어떤 과정을 거친 걸까? 너무너무 궁금했다.

|

참 다행이다. 열정이 아직 식지 않은 것, 초심을 잊지 않으려 노력
하는 것이 말이다. 초심을 잊어버리거나 잊었다는 것을 스스로 못
느끼는 경우도 많을 텐데, 아직 다른 베이글의 맛에 자극받고 노
력한다는 것에 감사하다. 아직 베이글과 내가 하는 일에 욕심이
많아서. 그로 인해 가야 할 길이 멀고 하고 싶은 일이 많은 것에
정말 감사하다.

유학 안 다녀왔습니다

—

만드는 이의 열정과 정성이 빵 맛을 좌우한다

　　가게에 있으면서 한 달에 한두 번 이상 듣게 되는 질문이 '해외로 빵 유학 다녀오셨어요?'다. 사람들은 베이글이라는 빵이 생소해서인지, 아니면 TV에서 자주 볼 수 있는 다수의 쉐프들이 외국에서의 요리 경험이 있어서인지, 맛있는 빵을 만들려면 해외 유학 정도는 다녀왔을 것이라 지레짐작하는 것 같다.

'아니요, 저는 그냥 한국에서 배웠는데요? 외국에서 배운 적 없어요'라고 대답하며 말미에는 '하하하'라고 늘 어색한 미소를 짓게 된다.

그때마다 만약 내가 유학을 다녀왔다고 대답을 했더라면, 손님이 내 베이글에 뭔가 이국적이고 전문적인 느낌을 부여해 더 맛있다고 느끼지 않았을까? 하는 생각이 들었다. 프랑스의 르 꼬르동 블루나 동경 제과 학교에 유학을 다녀왔다고 하면 왠지 같은 빵도 더 맛있게 느껴질 수 있으니.

'왜 내가 유학을 다녀왔을 거라고, 해외에서 배워 왔을 거라고 생각하는 걸까?'에서 시작해 같은 질문을 계속해서 받다 보니, '유학이라도 다녀와야 하는 걸까?'에 대해서 진지하게 생각해본 적도 있었다.

얼마 전 우리 가게 근처에 새로 생긴 핫플레이스, 저렴한 가격에 맛도 정말 좋은 가성비 최고! 근래 토요일 브런치(아침 겸 점심) 의 대부분을 해결하고 있는 일식 돈부리 가게 사장님께 어이없게도 똑같은 질문을 하고 말았다.

"사장님 일본에서 배워 오신 거예요?"
"일본에서 배우려면 청소부터 시작해야 한데요. 일본에 안 가도 배울 수 있어요"

그 사장님도 자주 받는 질문이라는 듯 잠시의 망설임도 없이 대답해주었다. 왜 이런 뻔한 질문을 한 걸까? 스스로 당황했지만, 사장님의 대답을 들으며 왜 손님들이 나에게 같은 질문을 했었을까? 에 대해 어느 정도 이해할 수 있었다.

돈부리 가게의 음식은 맛있었고, 다른 식당과 비교해 비주얼도 조금 더 이국적인 느낌이 들었기에 마치 현지에서 먹는 듯한 느낌이 들었던 것 같다.

우리 가게에 오는 손님들도 베이글이 맛있고, 보아왔던 베이글과는 차별화된 무언가가 느껴지지 않았을까? 라고 생각하니 새삼 뿌듯했다. 혹은 내가 일할 때 쓰는 앞 챙이 뒤로 접히는 모자가 특

이하다고 말해줬던 손님들이 많았던 것으로 봐서 나에게도 돈부리 가게의 사장님과 같은 어떤 포스가 느껴졌을 수도 있다.

나는 제빵 유학을 다녀온 적도 없을뿐더러 빵집에서 제빵사로 일해 본 경험도 없고 제과·제빵 자격증도 없다. 게다가 제과·제빵에 관심 없는 사람들이 들으면 신기할지 몰라도 제과·제빵 자격증이 없어도 제과점 창업은 가능하다.

제빵 유학을 다녀온 적도 없을뿐더러
빵집에서 제빵사로 일해 본 경험도 없으며,
제과·제빵 자격증도 없다.

창업하기 전 유명한 베이커리 쉐프들과 아기자기한 아이디어가 돋보이는 베이킹 공방을 다니고, 수업을 꾸준히 들으며 약 1년 정도의 시간과 돈, 연습시간(?)을 투자했었다. 수업을 듣고 대부분 시간을 배운 대로 연습을 하고, 레시피를 내가 원하는 재료로, 내가 원하는 모양으로, 내가 원하는 맛으로 만들어보는 연습을 많이 했었다.

창업 전에 기회가 된다면 정말 맛있는 빵을 만드는 빵집에서 제빵사로 한동안 일하면서 배우고, 시스템도 경험해 보고 싶다는 생각을 했었다. 하지만, 제과점이나 식당 같은 현장에서 일하는 것은 사실 배우면서 일할 수 있다는 명목 하에 급여가 적기도 했고, 바로 배울 수 있다는 것이 보장되지 않았기에 선뜻 결정하는 것이 쉽지 않았다.

다른 빵을 만드는 것에 시간을 투자하는 것보다, 다른 곳에서는 배울 수 없는, 내가 원하는 스타일과 맛의 베이글을 만드는 연습이 필요하다고 생각했다. 그래서 홀로 연습하고 연구하는 작업들을 많이 했다.

|

당연한 말인 것 같지만 유학을 다녀오는 것보다,
많이 배우는 것보다 더욱 중요한 것은
연습해서 완벽히 내 것으로 만드는
작업이라고 생각한다.

|

당연한 말인 것 같지만 유학을 다녀오는 것보다, 많이 배우는 것보다 더욱 중요한 것은 연습해서 완벽히 내 것으로 만드는 작업이

라고 생각한다. 내 것으로 만든 후 나의 창의력과 기술이 더해져 새롭게 변화되는 과정을 보고, 그 결과를 좋아해주는 고객들이 있다면, 그것이야 말로 얼마나 보람차고 감사한 일인가. 그래서 나는 보람차고 감사하고 행복하다.

시간이 지나고 나의 베이글을 좋아하는 손님이 늘어날수록 점점 더 자신 있게 말할 수 있게 되었다. 유학을 다녀오지 않아도, 자격증이 없어도, 경력이 오래되지 않아도 빵에 대한 열정과 꿈이 있다면, 얼마든지 맛있게 만들 수 있다.

내가 먹고 싶은 베이글을 만든다
-
재료와는 타협하지 않기로 했다

계절에 따라, 날씨에 따라 재료의 가격이 소폭으로 오르내리기에 그러려니 하다가도 달걀이나 버터 파동 등으로 가격이 오를 때는 기존에 계산해 놓은 원가에 꽤 타격이 크게 차이가 난다. 이럴 때는 가격을 올릴 것인가? 저렴한 재료로 대체 할 것인가? 또는 가격이 안정 될 때까지 생산을 중지할 것인가? 의 갈림길에 서게 된다.

내가 히피스베이글을 지난 3년간 운영하면서 느낀 불변의 진리는 '재료가 좋으면 맛있다.'이다. 가게를 시작할 때부터 재료의 품질과는 타협하지 않기로 나 자신과 약속했다. 그래서 '저렴한 재료로 대체'는 고려하지 않는다. 그렇지만 가격을 올리기는 쉽지 않다.

가격은 정말로 예민한 부분으로 무엇보다 가격을 올리는 내 마음이 편치 않다. 한참을 고민하고 고심한 끝에 가격을 2~300원 올리고 나면, 손님들 눈치 보며 괜스레 노심초사하게 된다.

재료의 가격이 심하게 올라도 이런저런 고민을 하다 결국, 기존과 같은 가격과 재료로 판매를 한다. 뭐, 수익이 줄긴 하겠지만, 그게 마음이 제일 편하다.

보통 재료가 신선하고 좋으면 음식은 맛있다. 제철에는 신선하고 좋은 재료가 저렴하지만, 일반적으로 좋은 재료는 가격이 비쌀 수

밖에 없다. 저렴한 고기를 사면 누린내가 나고, 냄새를 잡으려면 또 다른 것들이 첨가되어야 한다. 음식도 빵도 첨가물 없이 본연의 맛을 살리려면 기본 재료가 좋아야 한다. 그렇기에 내가 좋아하는 맛으로 꾸준히 같이 만들려면 내가 정한 기본 원칙을 절대 벗어나지 말자고 정했다.

요즘 빵집들을 보면, '제빵계량제, 마가린, 쇼트닝을 사용하지 않아요.'라는 글귀들을 가게 앞에 써놓은 곳들이 많다. '우리 빵에 좋지 않은 재료를 쓰지 않아요'라는 의미이기도 하다. 보통 합성첨가물이라고 부르는 것들이 위의 것들에 속한다.

예를 들어, 빵을 만들 때 제빵계량제를 넣으면 빵을 망치게 될 위험도 적다. 빵의 모양이 예쁘고 맛이 좋아지고, 보존 기간이 길어진다. 무엇보다 중요한 것은 재료의 가격 또한 저렴해 빵의 재료비용을 절감할 수 있다. 저렴한 재료로 빵을 맛있게 먹음직스럽게 만들 수 있다니 빵집을 하는 주인 입장에서는 솔깃할 만도 하다.

사실 제빵계량제, 유화제나 마가린, 쇼트닝을 어째서 사람들이 피하는지, 몸에 들어가서 어떤 반응을 일으키는지 정확히는 모른다. 아직도 어느 곳에서는 이런 것들이 사람의 몸에 유해한지 유·무에 대한 논란이 되고 있기 때문이다.

예민한 사람들, 즉 나와 같이 음식을 조금만 잘 못 먹어도 속이 쓰

리거나 장에 탈이 난다거나 소화가 잘 안 되는 사람들은 먹고 난
후 몸이 자동으로 느끼게 된다. 나도 가끔 빵을 사 먹고 나서 속이
더부룩하고, 뭔가 느끼하고 소화가 잘되지 않는 느낌을 받는 때가
있는데, 그럴 때는 '합성 첨가물 같은 것들이 들어가서 그런가?'
싶은 생각이 든다.

요즘에도 제과·제빵 자격증을 준비하는 학원의 레시피에는 쇼트
닝, 마가린 등을 사용하는 곳들이 있고, 실제로도 사용한다고 들
었다.
딱 한 번 테스트를 해보고자 케이크 시트를 만들 때 유화제를 사
용해 본 적이 있었다. 초보자들에게 케이크에 들어가는 시트 '제
누와즈' 만들기는 정말 쉽지가 않다.
베이킹파우더 등의 팽창제 사용 없이 달걀에 거품을 내서 달걀의
힘만으로 폭신폭신 한 식감의 시트를 만들어야 한다. 달걀에 거품
을 내는 정도도 중요하고, 다른 재료들과 섞을 때도 거품이 죽지
않도록 해야 하는 등 신경을 써서 감을 익히기가 쉽지 않다. 베이
킹 클래스에서 배운 '제누와즈' 만들기를 만만하게 보고, 혼자 연
습하다가 계속되는 실패에 좌절하기도 했었다.

클래스 선생님께서 유화제를 넣으면 케이크 시트가 부드럽고, 높
이와 부피도 크고 맛있게 나와 망칠 확률이 거의 없다고 하였다.

테스트로 유화제를 넣어 보니, 한 번도 성공하지 못하고 십여 차례 연속해서 실패한 시트가 정말 거짓말처럼 단 한 번에 성공했다. 여태 내가 만들어 보지 못한 부피와 맛, 모양으로 나오는 것을 보고 적지 않은 충격을 받았다. 그제야 왜 사람들이 유화제를 사용하는지 이해가 갔다.

그렇지만 바셀린 연고 같은 생김새의 유화제는 여태 사용해본 식자재들과는 전혀 다른 생소한 모양이었기에 사용이 꺼려졌다. 단번에 완벽한 케이크 시트가 만들어지는 것도 신기했지만, 합성 첨가물의 위력이라고 생각하니 더욱 꺼려졌다.

바셀린 연고 같은 생김새의 유화제는
식자재들과는 전혀 다른 모양과
단번에 완벽한 케이크 시트가 만들어지는 것도
합성 첨가물의 위력이라고 생각해 더욱 꺼려졌다.

히피스베이글에서는 '유화제, 마가린, 쇼트닝, 제빵개량제 등'을 사용하지 않는다. 사실 마가린, 쇼트닝, 제빵개량제 등은 써본 적이 없어서 효과가 얼마나 좋은지, 어떻게 작용하는지도 모른다. 써볼 생각을 해본 적도 없지만, 막상 써보려고 해도 어디에 어떻게 얼마큼 쓰는지 모른다.

다른 빵집에서 일해 본 경험이 없기에 보통의 빵집에서 어떻게 재료를 선택하고 사용하는지 잘 알지 못한다. 그래서 베이글에 관심을 두기 시작하고 홀로 연구할 때 내 입맛에 맞는, 내가 좋아하는 재료들을 넣어서 만들면 맛있겠다 싶었다. 설탕 대신 꿀이나 메이플 시럽도 넣고, 소시지도 평소에 고기 함량이 적은 것은 잘 먹지 않아 고기 함량 높은 것으로 선택한다. 크림치즈도 내가 좋아하는 진한 맛을 선택하다 보니, 대부분이 가격대가 좀 있는 좋은 재료들이었다. 비싸다고 다 좋은 재료는 아니지만, 내가 맛있다고 생각하는 것들을 넣어서 만든 베이글 재료의 가격을 비교해 보니 가격대가 높았다. 그렇게 만들기 시작해 그대로 지금까지 유지해 온 것이 히피스베이글이다.

가게를 운영하면서 꿀, 메이플 시럽 대신 설탕을 넣는구나, 크림치즈를 바꾸거나, 소시지를 조금 더 저렴한 것으로 바꾼다면, 원가가 많이 절감되겠다는 생각을 한 적이 있었지만, 차라리 내가 돈을 덜 버는 것이 낫겠다는 것이 결론이었다.

내가 가게를 하면서 듣고 싶지 않은 그리고 절대 듣지 않도록 하자고 생각하는 말은 '장사가 잘되니 변했다'라는 말이다.

장사는 손님들이 우리 가게, 내 빵을 찾아줄 때 의미 있는 것이기에 장사가 잘 될수록 우리 가게를 찾아준 손님들에게 더 감사하고 잘해야 한다고 생각한다. 혹여 예상치 못한 일로 손님들에게 실망하게 되는 일이 생기더라도 이해하려고 노력한다.

연예인들이 상을 타면 자주 하는 멘트가 있지 않나. '여러분이 있어 제가 상을 탈 수 있었기에 이 모든 영광을 시청자 여러분께 돌립니다.'

가게를 하면서 듣고 싶지 않은
그리고 절대 듣지 않도록 하자고 생각하는 말은
'장사가 잘되니 변했다'라는 말이다.

히피스베이글을 처음 오픈할 때 가게 앞에 적어서 세워 놓은 문구가 있다. '내가 먹고 싶은, 그대가 먹고 싶은 베이글을 만듭니다.' 처음 베이글을 만들기 시작했을 때 내가 먹고 싶은 재료들로 선택해 만들었던 그 마음으로, 앞으로도 계속 내가 먹고 싶은 베이글을 만들고 싶다. '내가 먹고 싶어야 그대도 먹고 싶을 테니.'

위기는 기회가 되더라

—

없어서 못파는 베이글 칩

"사장님 베이글 칩 있나요?"
"도대체 베이글 칩이 뭔데 이렇게 사기가 어려운 건가요?"

가게에서 자주 볼 수 있는 풍경이다. 가게를 오픈한 후 가장 큰 고민 중에 하나가 '남는 베이글을 어떻게 처리해야 할 것인가?'였다. 처음엔 주변 사람들에게 나눠주기도 했지만, 그것도 하루 이틀이지 계속 그럴 수는 없었다. 베이글로 뭘 다시 만들어 볼까 고민하다 탄생한 것이 베이글 칩이었다.

제과 종류를 연습하려고 만들어 놓은 견과류와 설탕 등을 섞어놓은 토핑이 있었는데 베이글에 묻혀서 구워 보면 어떨까 하는 생각이 떠올랐다. 남은 베이글을 빵 칼로 얇게 썬 후 토핑을 묻혀 오븐에 구웠는데 내가 상상했던 것보다 훨씬 맛있었다.
다른 빵들에 비교해 밀도가 높은 편인 베이글을 구우니 더욱 바삭하고 생각보다 토핑이 잘 어울렸다. 그것을 시작으로 하루가 지나도 눅눅하지 않고 맛있게 먹을 수 있게 만들려고 두께와 굽는 온도, 토핑을 만드는 비율, 굽는 시간 등을 바꾸고 점검한 끝에 지금 판매하고 있는 베이글 칩을 만들 수가 있었다.
초반에는 손님들께 시식으로 나눠 드렸었는데, 손님들의 반응이 너무 좋아 판매한지 얼마 지나지 않아, 없어서 못 파는 메뉴가 되어 버렸다.

'남는 베이글을 어떻게 처리하면 좋을까?'라는 생각에서 태어난 베이글 칩이 이렇게 인기가 좋을 것이라고는 생각하지 못했었다. 지금은 남는 베이글 일부로 베이글 칩을 만들고 일부는 '푸드마켓'이라는 곳에 기부하고 있다. 그곳에서는 동네 가게들을 돌며 수거한 음식을 포장해 이웃들에게 나눠주는 일을 하고 있다.

가게를 운영하다 보면, 돌발적인 상황들이 많다. 베이글을 만들 때 다른 종류의 밀가루를 2~3가지 섞어서 사용하고 있는데, 하루는 사용하는 밀가루 중 많은 양의 비율로 배합하는 밀가루가 부족한 것을 깜빡하고, 주문하지 못한 것이었다.
"아 진짜 어떡하지? 오늘 있는 밀가루만 쓰고 문을 닫아야 할까?"
"퀵 서비스로 밀가루를 받아도 너무 늦어서 오늘은 빵을 조금 밖에 못 만들겠구나!"
땀이 삐질삐질 나면서 여러 가지 생각이 스쳐 갔다.

빵집에 밀가루가 떨어지는 것은 밥집에 쌀이 떨어진 것과 같다고 해야 할까? 빵집에서 사용하는 밀가루는 물론 시중 슈퍼에서 파는 것을 쓰는 경우도 있겠지만, 빵의 특성에 따라 다른 밀가루를 사용하는 경우가 대부분이다.
베이글 가게 창업을 위해 열심히 테스트할 때 가장 많이 신경을 쓴 것이 베이글의 빵이었다. 그만큼 밀가루가 제일 중요했다. 아침에 빵을 만들어야 하는데 밀가루가 없다는 건 그날 문을 닫아야 한다는 뜻이나 다름이 없었다. 주변에서 쉽게 구할 수도 없기에 오늘 가게를 닫아야 하나 머릿속이 계속 복잡했다.

계속 복잡한 표정으로 고민을 하다가, 기왕 이렇게 된 거 그냥 새로운 시도를 해보기로 하고, 사용하는 밀가루의 비율을 바꿔 반죽한 후, 빵이 구워질 때까지 어떤 맛일지 노심초사하며 기다렸다. 결과는 예상외로 기존 것보다 더 쫄깃하고 맛있었다.
그 사건 이후로는 새롭게 만든 밀가루 비율을 계속 사용하고 있는데, 손님들도 베이글이 더 쫄깃하고 점점 맛있어진 것 같다고 칭찬해주어 '그 위기'에 감사했다.

'위기가 기회'라는 말을 들어보기만 했지 공감할만한 기회가 없었는데, 가게를 운영하면서 공감하게 된다. 베이글칩, 밀가루 배합 뿐 만이 아니라 종종 위기의 순간들이 더 좋은 기회가 된 일들이 있었는데 여러 번 겪다 보니, 위기의 순간이나 본의 아니게 선택을 해야 하는 순간이 와도 예전보다 더 의연하게 대처하게 되고 더 긍정적으로 생각하고 있는 나를 발견하게 된다.

뉴욕에 오픈할 히피스베이글을 꿈꾸며

행운의 열 마리 새끼돼지 꿈

꿈이 너무나 생생했다. 꿈을 자주 꾸지 않고 꿈을 꾸더라도 필름이 끊기듯 드문드문 기억나는 일이 보통이다. 하지만 그날따라 스토리 전체가 또렷이 기억나는 꿈을 꾸고도 전혀 피곤하지 않은 것이 신기했다.

"동생아, 오늘 꿈을 꿨는데 정말 너무 생생하다. 진짜 좋은 꿈인 것 같아. 진짜 이건 로또를 하나 사든지 해야지, 진짜 뭔가 대박날 것 같아!! 지금 이야기하면 도루묵 될 것 같으니까 내가 로또 사고 나서 이야기해줘야겠다!!"

그날 밤 꿈은 이랬다. 가족들과 함께 길을 지나가는데 길에서 할머니 한 분이 한 손에 쏙 들어오는 새끼돼지를 팔고 계셨다. 정말 너무 귀여워서 살 수밖에 없는 비주얼이었기에 '사겠다!' 하니, 열 개의 주머니가 달린 배낭식 가방의 주머니에 새끼돼지를 한 마리씩 넣어 총 열 마리를 담아 주셨다. 돼지 열 마리가 각각의 주머니에 담겨 있는 가방을 메고 기분 좋게 걸어가다가 생각해보니, 갑자기 가족끼리 여행을 가기로 예약했던 것이 생각났다. 새끼돼지들을 두고 여행을 갈 수가 없다고 생각해 단호하게 나는 여행을 가지 않겠다고 셋이서 다녀오라고 나는 돼지들을 돌보겠다고 했고 꿈은 거기서 끝이 났다.

사실 현실 속의 나였다면 돼지들을 환불하고 여행을 갔을 텐데 뭔가 일이 잘 풀리려 그런 것인지 여행을 깨끗이 포기한 것도 참 신기한 일이었다. 돼지꿈이 길몽이라는데 한 마리도 아닌 열 마리라니 누구에게 말을 해줘도 듣자마자 동공이 커지며 '대박'이라고 찬사를 아끼지 않는 대박 꿈이었다. 로또도 자주 사지 않는데 꿈이 너무나 대박이라 꿈을 꾼 그날 로또를 사놓고 추첨하는 토요일만 기다렸다.

꿈을 꾼 다음 날, 일을 마치고 저녁을 먹으러 가는데 유선전화 번호로 전화가 왔다. 손님이거나 TM이겠거니 하고 받았는데, 어떤 남자가 물었다.

"히피스베이글 사장님이신가요?"

"네 맞습니다."

"아! 안녕하세요? 다름이 아니라 저희 SBS 생활의 달인 팀인데요. 사장님 가게 촬영을 할 수 있을까 싶어서 연락드렸습니다. 현재 하시는 가게가 혹시 프랜차이즈인가요?"

"아니요. 직접 운영하는 개인 빵집인데요."

"아, 그럼 혹시 저희가 촬영하게 되면 빵을 만드는 과정이나 노하우 같은 것도 촬영해야 하는 데 혹시 촬영할 수 있을까요?"

"아 뭐, 촬영하는 거라면 괜찮을 것 같아요. 가능할 것 같아요."

"알겠습니다. 그럼 저희가 회의 후에 연락을 다시 드리겠습니다."

이게 무슨 말이지? 생활의 달인? 생활의 달인을 빙자해서 레시피를 뽑아 가려는 건가? 아니면 이거 찍는 대신 광고비용을 요구하는 건 아닐까? 어떻게 하지? 혹시나 촬영하는데 들어가는 비용을 부담하라고 하면 하지 말아야지. 어리둥절했다. 정말 별의별 생각이 다 들었다. 뭐 다시 연락이 안 올 수도 있으니 밥이나 먹자! 저녁을 먹으면서도 정말 생활의 달인이 맞았을까?, 사기 아니겠지? 통화한 내용을 하나씩 떠올려보며 신기하기도 걱정되기도 했다. 밥을 먹고 있는데 또다시 아까 그 번호로 전화가 왔다.

"아, 좀 전에 전화 드렸던 생활의 달인 PD입니다."
"아. PD? 요? 아 네!"
"혹시 아침에 출근 몇 시에 하세요? 저희가 내일 아침에 가서 촬영을 해 보려고 하거든요."
"저는 오전 5시 30분에 출근해요. 그런데 혹시 저희 가게가 그럼 생활에 달인에 나오는 건가요? 정말이에요?"
"아, 아직 결정된 건 아닌데 저희가 가서 작업하는 과정을 좀 보고 결정을 할 수가 있어서요."
"아 그렇군요. 네! 내일 오셔도 될 것 같아요."

전화를 끊고 나서도 이게 사실인지 거짓인지 믿어지지 않았다. 거짓말처럼, 다음날 생활의 달인 PD가 출근시간에 맞춰 가게로 찾아왔고, 이런저런 질문을 하고 빵 만드는 것을 몇 번 찍는가 싶더니, 오후에 '촬영하기로 결정되었다'고, 말했다. 그때까지도 믿어지지가 않았고, 머릿속에서 '이게 사기는 아닐 거야', '몰래카메라는 아니겠지'라는 생각이 떠나질 않았다.

다음날 PD와 조연출 그리고 다른 PD도 와서 이런저런 회의도 하고, 어떤 식으로 촬영을 할지에 대해서도 설명을 해주었다. 그때가 되자 '이게 현실이 맞구나! 사기는 아니었어!' 실감이 났다.
촬영은 정말 쉽지가 않았다. 사람들이 인터뷰할 때 왜 저렇게 말을 더듬지? 어색하다 싶었는데 정말 내가 딱 그랬다. 말을 버벅거려서 계속 다시 찍고, 생각했던 말도 제대로 못 했다.
촬영하면서 빵을 만드느라 시간을 맞춰서 못 만드니 마음은 조급해지고, 타이머를 못 눌러 빵은 태워 먹고 정말 만신창이었다.
새벽부터 시작한 촬영은 자정이 다되어 끝나고, 토요일에도 이어졌다. 단, 10분 나오는데 이렇게 긴 시간 동안 촬영을 하다니, 방송이라는 게 정말 쉽지가 않았다.

방송이 끝나자마자, 방송을 보고 어떻게 연락처를 알아냈는지 정말 그렇게 짧은 시간 동안 많은 부재중 전화와 문자를 받은 적이 없었던 것 같다. 다음날부터 일주일 동안은 손님들이 오픈 전부터 밖에서 기다리고 있는데 빵은 수량이 모자라고, 계속 죄송하다는 말만 반복하고, 전쟁이 따로 없는 거의 울 지경이었다.

새끼돼지 꿈은 돼지가 점점 자라는 것처럼, 점점 꿈이 성취되어가는 좋은 꿈이라던데, TV 방영으로 한 마리를 쓴 것이 맞는다면, 아직 나에겐 9마리의 돼지가 더 남아 있었다.

나는 늘 생각한다 '나는 운이 좋다'고, 그래서 나는 내가 기대했던 것보다 일이 잘 풀리는 편이라고 생각한다. 하지만 주변 사람들은 '네가 노력하는 만큼 잘 풀리는 것뿐'이라고 한다. 그렇지만 난 여전히 '운이 좋다'고 생각한다.

"앞으로 계획이 뭐에요?"
"뉴욕에서도 제 베이글을 맛보여 드리고 싶어요"
뉴욕에 히피스베이글을 오픈하는 것이 내 꿈이 되었고,
자연스럽게 뉴욕에 관심이 커졌다.

PD가 촬영하는 동안 정말 많은 질문을 했었는데 질문이 뭐였는지 내가 어떤 대답을 했었는지 기억나는 게 없었다. 그런데 딱 한 가지 질문과 그에 대한 대답만큼은 아직도 생생하게 기억에 남는다.

"앞으로 계획이 뭐에요?"
"기회가 된다면, 뉴욕에서도 제 베이글을 맛보여 드릴 수 있는 때가 왔으면 좋겠어요."

사실, 이전에 단 한 번도 뉴욕에서 베이글 가게를 오픈하고 싶다거나, 뉴욕에서 일을 해보고 싶다고, 생각해본 적은 없었다. 질문에 자연스럽게 나왔던 대답이었는데 대답을 하고 나 자신도 놀랐다.
그 후 뉴욕에 히피스베이글을 오픈하는 것이 내 꿈이 되었고, 자연스럽게 뉴욕에 관심이 커졌다.
관심이 계속 더해져 2017년 2월에는 뉴욕에서 한 달 동안 지내며 베이글을 먹으러 많이 다녀보기도 하고, 베이글 가게에서 베이글을 먹는 손님들과 이야기도 해봤다. 타임스퀘어에서 많은 사람을 만나고, 내 꿈에 대해 더 많이 이야기 해 볼 수 있었다.
머지않아 나머지 새끼돼지들이 무럭무럭 자라 뉴욕의 '히피스베이글'을 오픈하는 꿈을 이뤄주거나 큰 행운을 안겨주지 않을까 감히 기대해본다.

취미생활 하기에는 자영업이 딱 맞다

—

일과가 끝나면 춤을 춘다

자영업을 해본 사람도 해보지 않은 사람도 나에게 말한다. '자영업 하면 쉬는 날도 없고, 개인 시간도 없어서, 취미생활엔 직장생활 하는 게 제일 좋지.' 공감이 간다. 하지만 나는 취미생활 하기에 자영업이 훨씬 더 잘 맞는다고 생각한다.

나는 여가를 즐기는 활동이 여러 가지가 있지만, 그중 두 가지 정도에 많은 시간을 투자한다고 할 수 있는데, 그중 하나가 여행이다.

22살에 대학교를 휴학하고 일 년 동안 번 돈으로 무엇을 할까 하다 23살에 호주 워킹홀리데이를 갔었다. 처음으로 호주에서 홀로 배낭여행을 했다.

나에게 '여행'은 호주여행의 전과 후로 나뉜다. 그 전까지 여행이라 하면, 그저 물가나 산에 가서 고기나 구워 먹고, 맛있는 것 먹고 오는 거였다. 그 후는 자연의 아름다움에 매료되어 더 많은 자연과 세상을 봐야겠다고 생각했다.

여행을 좋아하는 나의 개인적인 취향(?)에 맞춰 운 좋게도 여행사에 입사했지만, 곧 알게 되었다. 신입이라고 회사에서 주는 휴가는 길게 써도 일주일 남짓이었다. 그나마 있는 휴가는 저렴한 항공권이 나와도 원하는 때에 쓸 수 있는 선택권이 없었다. 주말과 붙여서 쓰는 것도 쉽게 허용되지 않았다. 여행을 좋아하면 여행사에서 일하는 것이 아닌, 가고 싶을 때 갈 수 있는 여건을 스스로 만들겠다는 생각을 했다.

두 번째로 6개월간 혼자 떠나는 배낭여행을 계획했고, 그때가 서른이었다. 서른에 다녀온 여행 이후로, 앞으로 일 년 안에 한 달 온전히 여행을 할 수 있는 마음과 금전적인 여유가 된다면, 난 행복한 사람이겠다고 생각했다. 그때부터 4년 동안 매년 2월에는 한 달 동안 여행을 해왔다. 회사에서는 한 달, 보름 정도의 장기여행할 휴가를 주지 않으니, 내가 사장이 되어 스스로 한 달의 휴가를 준 것이다.

여행 중에 만난 사람들에게 '한 달간 휴가 중입니다'라고 하면, '회사를 그만뒀냐'는 질문이 대부분이다. '가게를 하는데 매년 한 달은 휴가 기간을 갖는다'고 하면, 다들 놀라며 부러워한다.

창업할 때부터 일 년에 한 달을 쉬는 가게, 나의 휴일이 보장되는 가게로 만들기 위한 계획이 철저하게 있었다. 그래서 월세의 부담이 크면 안 되고 혼자서 일할 수 있는 규모의 가게를 찾는 것도 중요했다. 계획하고 실천하려 노력해서, 꿈꿔왔던 일 년에 한 달 여행하기를 실천할 수가 있었다.

창업할 때부터 일 년에 한 달을 쉬는 가게,
나의 휴일이 보장되는 가게로 만들기 위한 계획이
있었다. 그래서 월세의 부담이 크면 안 되고,
혼자서 일할 수 있는 규모의 가게를 찾았다.

내가 즐기는 다른 취미는 춤이다. '춤'이라고 하면 뭔가 나이트나 클럽을 예상하는 경우가 많은데, 내가 추는 춤은 '스윙 댄스'다. 스윙 댄스는 미국에서 시작된 스윙 재즈음악에 맞춰 추는 커플 댄스다.

가게 오픈하고 일 년이 안 되어 자리가 잡히지 않았을 때는 매출이 가늠할 수 없이 오르락내리락 했고, 준비한 베이글을 절반도 못 파는 일도 허다했다.

비가 와도, 추워도, 더워도 장사가 안된다. 어떤 이슈에 따라, 주변 상권에 따라 여러 가지 이유가 가게의 매출에 영향을 미치는데 초반엔 왜 그런지 가늠이 되지 않았다. 오로지 '내가 만드는 빵'에만 집중하게 되어 모든 것이 내 탓 같아 스트레스가 최고조에 달했다. 가만히 있으면 가게 매출의 압박을 도저히 감당할 수가 없을 것 같아 스트레스를 관리하고자 시작한 것이 스윙 댄스였다. 가게를 오픈하고 얼마 안 되어 본격적으로 시작한 것이 스윙 댄스였으니 춤을 춘 지도 거의 3년이 된 것 같다.

춤을 추러 가면 그 시간 동안 가게에 대한 근심과 걱정은 모두 잊고 음악에만 집중해 신나게 춤을 출 수 있어서 좋다. 즐겁게 지내고 나면 심각했던 고민도 어느 정도 덜어지는 것 같았다. 즐거운 취미생활은 삶의 활력소가 된다는 걸 많이 깨닫게 되었고, 나의 삶에서 떼려야 뗄 수 없는 소중한 취미생활이 되었다.
한때는 거의 반년 넘도록 광적인 팬이 되어 일주일에 5일 이상 춤을 추러 간 적도 있다. 노래의 시작부터 끝까지 약 3~5분 동안 거의 쉬지 않고 움직여야 하기에 운동도 되고 스트레스도 풀리고 일거양득이었다.

물론, 여행사를 다니면서 퇴근 후 취미생활을 하거나 학원에 다니기도 했었지만, 중간에 회사의 야근으로 빠지게 되는 경우가 많았다. 별달리 급한 일도 없이, 직장 상사의 눈치를 보느라 퇴근 못하는 상황은 정말 최악이었다.

가게를 창업한 이후로는 물론, 급작스러운 주문이 들어오는 경우, 정해진 시간에 마치지 못할 때도 있지만, 대부분 정해진 시간 전에는 일을 마치게 된다. 처음 가게를 시작했을 때는 혼자서 모든 것을 다해야 했기에 장시간 노동을 하고 춤까지 추는 것을 체력이

버텨주질 못했다. 그러다가 같이 일할 사람들이 하나둘 늘어나니 조금씩 시간과 마음의 여유가 더 생기기 시작했다. 일하는 것도 신나고 재밌는 데다, 나에게 새로운 영감을 주는 취미활동 할 시간까지 늘어나니 정말 소름이 돋을 정도로 행복했다.

자영업을 오랫동안 하면서도 주말에 쉬어 본 적이 없고, 남들 쉴 때 쉬어본 적도 없고, 그래서 나는 여행도 길게 못 가고 취미생활을 못 한다. '그런 것은 나에게 배부른 소리다.'라는 사람들도 많이 봤다. 개개인이 처한 상황이 다를 수도 있겠지만 쉬지 못하고 내 시간이 없는 이유는 그렇게 하기로 선택한 본인의 결정이기에 '내 장사를 하니까 어쩔 수 없다'라는 등 누굴 탓할 수는 없다고 생각한다. 나는 내가 무언가 하려 할 때 이래서 안 되고 저래서 안 되고 등의 하지 말아야할 이유가 많은 경우 '내가 진심으로 그 일을 하고 싶은 마음이 없구나'라고 느낀다.

내가 진심으로 하고 싶은 취미라면 내가 좋아하는 내 장사, 내 일을 하면서도 할 수 있다. 가장 중요한 것은 본인이 생각하고 계획한 대로 살려는 노력과 그에 따른 결정을 해야 한다는 것이다. 나는 당당하게 말할 수 있다. '취미 생활을 하기엔 자영업이 딱 맞다.'

Chapter 04

일 년에 한 달을 여행하는 빵 가게

일 년에 한 달을 여행하는 빵 가게

―

생각한 대로 산다는 것은 정말 중요한 것이다

-

안녕하세요 :) 히피스베이글입니다. 올해도 예년과 마찬가
지로 2월은'쉼'의 시간을 갖습니다! 올해는 생각만 해도 두
근두근한 베이글의 도시 뉴욕에 다시 한번 다녀오려 합니
다. 매년'쉼'의 시간으로 인해 더욱 창의적이고 활기찬 한
해의 에너지를 가득 안고 오게 됩니다.

1월 27일~2월 28일'쉼'의 시간을 갖고 3월 2일 더욱 맛있
게 찾아뵙겠습니다!
(1월 27일 전까지는 정상운영 합니다)

히피가 무엇을 하고 다니는지 궁금하시면 페이스북'히피
스베이글'좋아요를 눌러주세요 :)

히피 올림 :)

-

매년 2월 나는 여행을 떠났다. 내 인생의 터닝 포인트였던 그때,
내 버킷리스트에 적혀 있었다.
악착같이 돈을 모았던 이유는 딱 두 가지 있었는데 그중 하나는
창업이었고 나머지는 여행이었다. 그냥 여행이 아닌 '홀로 장기

배낭여행', 그때까지만 해도 친구들처럼 자연스럽게 결혼하게 될 줄 알았고, 결혼하면 '홀로 장기 배낭여행'은 힘들 것 같아 미혼일 때 다녀오겠다고 생각했었다.

서른이 되던 2월, 회사에 사직서를 내고 한 달 만에 여행을 떠났다. 어디 어디를 갈지, 며칠을 여행할지 정하지 않았다. '드라마틱한 여행을 하자'는 생각만 안고 인도 델리로 가는 편도 비행기 티켓을 끊고 출발했다.

20대의 나는 아르바이트 하고 회사 다니느라 늘 바빴고, 학비와 창업비용 그리고 여행비용을 마련한다고 일에 치여 살았다. 그에 대한 보상이라도 받듯 말 그대로 '한량라이프'를 살았다.

6개월을 걷고, 보고, 먹고, 이야기하고, 넋 놓고, 꿈꾸며, 스트레스 없이, 계획 없이, 생각 없이 당장 내일 뭘 보고 먹을지만 생각했다. 하루에 한 번씩 '나 참 잘살고 있구나!'라고 생각하며 몸 어딘가에서 느껴지는 찌릿찌릿함에 미소 짓는 순간을 제대로 만끽했다.

그전까지는 살면서 그렇게 하루하루가 행복하다고 느꼈던 적은 없었던 것 같다. 여행에서 돌아온 후 '내가 앞으로 어떻게 살면 행복할까?'에 대해서 생각해봤다.

'일 년에 한 달을 온전히 여행할 수 있는 금전적인 여유와 마음의 여유가 있다면 꽤나 행복한 인생을 사는 거겠다.' 생각하고 2년 뒤 히피스베이글 창업 전, 금전적인 여유는 되지 않았지만, 지금 가지 않으면 앞으로도 가지 못할 거란 생각이 들어, 심사숙고 끝에 비행기 표를 끊었다. 그렇게 '일 년에 한 달 여행하기'의 스타트를 끊었다.

여행에서 돌아와 그해 5월 히피스베이글을 오픈하고 약 7개월이 지난 후 2월이 돌아왔다. 가게를 운영하다가 한 달 동안 문을 닫고 가려니, 이전과는 다르게 많은 고민에 휩싸였고, 나 자신과 타협하려는 모습이 나타났다.

"이제 막 자리를 잡아가고 있는데 단골손님은 어쩌지?"
"한 달을 쉬어버리면 우리 가게를 잊어버리는 것은 아닐까?"
"임대료와 공과금은 어떻게 내지?"
가게를 하지 않을 때 여행을 가면 마이너스가 되는 것은 여행 경비 정도로 여행을 가려면 당연히 투자해야 하는 비용이다. 하지만 임대료를 벌이 없이 부담하려니 걱정이었고, 무엇보다 단골손님을 잃게 될까 고민이 컸다.

2월에 가는 여행을 9월부터 고민하기 시작해 매일 항공권 가격을 체크하고 가격을 알아보았다. 찜해놓고 장바구니에 담기를 두 달 정도, 11월에야 비행기 티켓을 결제했다. 이메일로 E 티켓을 받고 나서 실감이 났다.

많은 일을 시작하고 벌이니 쉽게 결정할 거로 생각하지만, 선택할 때는 많은 시간을 고민하고 심사숙고하는 편이다. 나는 고민 많고 결정 장애가 있는 보통의 사람과 다를 바 없지만, '생각한 대로 살자'고 생각하며 자신을 부추기는 편이다.

고민 많고 결정 장애가 있는
보통의 사람과 다를 바 없지만,
'생각한 대로 살자'고
자신을 부추기는 편이다.

그렇게 개업 두 번째 해에도 '일 년에 한 달 여행하기'의 약속을 지켰다. 몇 달씩 고민하고 결정한 여행은 어찌나 신이 나는지, 가게를 오픈하고 고군분투 하면서 심해졌던 과민 대장 증후군도, 여행 중에는 언제 그랬냐는 듯 뭘 먹고 뭘 해도 쌩쌩했다.

여행을 하면서도 한 달 뒤 가게 문을 열었을 때 어떤 분위기일까?, 손님들이 잊지 않았을까? 하는 생각이 머릿속을 떠나지 않았다. 혹여라도 손님들에게 문자나 톡이 올까 봐 로밍을 해 갔었는데 로

밍 전화 요금이 부담되어 전화는 받지 못했지만, 문자에 대한 답은 꼬박꼬박했었다. 귀국하기 며칠 전부터는 서서히 불안감이 커지고 손님들의 반응이 궁금해졌다.

히피스베이글의 첫해, 한 달간의 휴식 기간을 갖고 3월 2일 문을 열던 날을 지금도 잊을 수가 없다. 거의 매일 만들다시피 하던 빵을, 한 달 동안 손을 놓고 있다가 다시 만들려니 걱정이 돼 조금 일찍 출근해 준비했다. 그래도 막상 재오픈 당일의 11시 오픈 시간은 생각한 것보다 빨리 찾아왔다.
오픈 10분 전 떨리는 마음으로 오픈했다는 표시인 가게 블라인드를 올렸다. 그러자 놀랍게도 손님들이 기다렸다는 듯이 가게로 줄지어 들어오기 시작했다. 아주 환한 미소를 지으며, 마치 반가운 친구를 만나러 온 듯.

"오늘을 얼마나 기다렸다고요! 여행 잘 다녀왔어요?"
"빵 먹고 싶어서 얼마나 기다렸나 몰라요! 맛있는 빵 연구해 오셨어요?"

오늘을 기다렸다고 인사를 하며 손님들이 가게에 들어오는데, 마치 가게를 처음 오픈했던 그날처럼 감사한 마음에 가슴이 뭉클해졌다.

태어나서 처음으로 '잘살고 있구나!'라고 생각했던 것이 서른 살의 장기 배낭여행을 다녔던 때다. 처음 휴식 시간을 갖고 가게를 재오픈 했던 그때, 나를 반겨주고 나의 베이글을 기다려준 손님들을 보며 다시 한번 '잘살고 있구나'를 느꼈다. 나는 늘 꿈꿔 오던 '내가 좋아하는 일도 하면서 돈까지 버는 사람'의 주인공이 되어 있었다. 그날은 어찌나 기분이 좋아 활짝 웃었는지, 저녁엔 얼굴 근육이 얼얼했던 기억이 난다.

놀랍게도 손님들이 기다렸다는 듯이
가게로 줄지어 들어오기 시작했다.
아주 환한 미소를 지으며,
마치 반가운 친구를 만나러 온 듯.

그렇게 벌써 4년, 가게를 오픈하고 매년 '일 년에 한 달 쉼'의 시간을 가졌다. 내가 여행을 가기 전 하는 가장 중요한 일은 손님들께 '쉼'에 대해 공지를 하는 것이다. 내가 여행가는 이유와 기간에 대해 손님들이 잘 이해할 수 있도록 상세하게 편지글의 형식으로 알려야겠다고 생각했다. 매년 새롭게 현수막을 제작해 여행가기 한 달 전부터 가게 유리창에 크게 붙여 놓는다.

가게 오픈 후 처음 쉬던 때도 한 달 전부터 현수막을 붙여 놓았지만 손님들은 내가 가는 여행에 별다른 관심을 보이지 않았었다. '장사하기 귀찮나?', '장사가 잘 안 돼서 쉬고 싶은 건가?' 정도가 대다수 반응이었고, 관심을 두고 물어보거나 부러워하는 손님은 간혹 있었다.

하지만 해가 지날수록 손님들은 마치 내 여행을 대리만족이라도 하듯 말을 건넸다.

"정말 부러워요. 인생 승리자는 사장님입니다!"

"올해는 어디로 여행가세요? 저도 언니처럼 살고 싶어요!"

"제일 부러운 사람이 사장님이에요. 내가 친구들 만나서 사장님 자랑했어요!"

빵을 사러 오지 않더라도 점심시간에 식사를 마치고 회사로 돌아가는 길목에 들러 '사장님 오늘이 여행 전 마지막 날이죠? 잘 다녀와요! 응원할게요!' 인사 한마디를 전해주는 손님도 있었다. 눈시울이 붉어질 정도로 감동이 밀려왔다.

내가 하고 싶어 시작한 여행인데 응원까지 받는다니 나는 정말 축복받은 사람이구나.

마치 내가 여행을 결정한 것이 쉽지 않았다는 것을 아는 듯 '잘 결정했어! 잘하고 있는 거야!'라고 응원과 격려를 동시에 받는 기분이었다.

'역시 장사하면 쉬지도 못하고 직장생활 하는 게 제일 편해!'라고 많이들 이야기한다. 여행하는 게 너무 좋아서 여행사에 들어갔지만, 여행사에서는 내가 가고 싶을 때 휴가를 내기도 힘들고, 할인 티켓이 나와도 내가 가진 연차로는 어림도 없을뿐더러, 상사의 눈치를 보느라 연차를 쓰고 싶을 때 원하는 대로 쓰지 못했다. 무엇보다 여행을 가기엔 박봉의 월급이라 비행기 표가 아깝지만 4박 5일, 3박 5일의 짧은 여행만을 다녀올 수 있었다.

여행을 하고 싶다면, 내가 원하는 때에 내가 정한 기간 갈 수 있는 내 일을 해야겠다고 생각했다. 내가 원하는 소망과 생활양식의 집약체가 지금의 '히피스베이글'이다. 일 년에 한 달, 가게 문을 닫고 여행을 가기 위해서는 임대료가 많이 부담되면 안 된다고 생각했다. 또 무리한 빚을 내서 돈을 투자했다면, 빚을 갚아야한다는 생각 때문에 쉬지 못할 것이라고 생각했다. 가게를 오픈하기 전부터 일 년에 한 달을 쉬기 위한 구체적인 것들이 이미 계획되어 있었다.

내가 하고 싶어서 시작했던 가게와 여행 계획이 어느새 '히피스베이글'이라는 가게에 스며들어 하나의 이야기가 되었다. 물론, 빵도 베이글도 손님들의 입맛에 맞아야겠지만, 히피스베이글의 이야기와 열정적인 느낌을 좋아해 방문하는 손님들도 있다는 것을 점점 느끼고 있다.

히피스베이글의 이야기와 열정적인 느낌을 좋아해
방문하는 손님들도 있다는 것을 점점 느끼고 있다.

일 년에 한 달 쉬는 것이 단순한 휴식으로 소비되는 것이 아닌, 더 많은 것을 보고 새로운 메뉴를 탄생하게 한다. 일에 대한 열정을 더욱 불러일으키는 생산적인 시간이 된다. 그것을 지켜보는 것만으로 흐뭇하고 응원해 주고 싶은 그런 이야기가 있는 가게가 '히피스베이글'입니다.

히피가 되고 싶었다

—

자유분방한 베이커 히피

"왜, 히피스베이글 인가요?"

"히피족 할 때 그 히피 맞아요?"

"언니가 히피예요?"

가게 이름에 관해서 물어보는 사람들이 생각보다 많다. 그냥 보이는 대로 '히피스베이글'의 '히피'는 나다. '히피네(의) 베이글'이며, '히피가 만드는 베이글 가게'라는 뜻이다.

가게에서 사용하는 캐릭터도 '히피족'이라고 하면 떠올리는 '머리에 깃털을 꽂고 있는 인디언' 이미지를 기본으로 머리에 깃털 대신 베이킹 도구인 '거품기'를 꽂고 있다.

'히피'라는 이름에 대한 아이디어 및 캐릭터의 기본적인 발상을 생각해 낸 후 일러스트 디자인을 잘하는 후배에게 부탁했다. 내가 원했던 것 이상으로 캐릭터를 잘 만들어줬고, 심지어 손님들은 나와 닮은 것 같다고 하여 두고두고 그 친구에게 감사하고 있다

내가 '히피'라는 말을 사용한 것에는 두 가지 이유가 있다. '히피'라는 단어를 마음속에 담아두었던 때로 거슬러 올라가면 서른 살에 다녀왔던 장기 배낭여행부터였다.

그전에도 '히피'라는 말을 매스컴 등에서 많이 접해 알고는 있었지만, 정확히 어떤 사람들을 말하는 것인지 알지 못했다. 사전적 의미로 '반사회적, 자연찬미를 하는 사람들'이라고 했지만 그 내

용만으로는 어떤 사람들인지 감이 오질 않았다.

남인도의 '고아'라는 지역을 여행할 때 '히피'들이 많이 사는 마을을 갔던 적이 있었다. 그때 만나보고 느낀 히피들은 몇 마디 이야기하지 않아도, 편하고 친해지고 싶은 사람들이었다. 내가 만난 '히피'들은 굉장히 자유로운 영혼들이었고, 본인이 정한 가치관대로 행복하게 사는 사람들이었다. 물론 내가 만났던 히피의 표본이 많지 않지만, 적어도 내가 만났던 히피들은 그랬다.

그땐 나도 약 6개월간 발길 닿는 대로 별다른 계획 없이 자유롭게 여행을 다녔다. 미어터질 듯 꽉 찬 배낭을 메고 있는 내 모습을 거울로 볼 때 정말 잘 어울린다고 생각했었다. 배낭을 멘 모습의 나도 좋았지만, 내가 선택한 대로 살아가고 있는 것이 자랑스러웠다.

선택한 대로 여행을 하고 자유롭게 사는 나를 보며 '어딘가에 히피의 피가 흐르는 것이 아닐까?' 생각한 적이 있었다. 지금 생각해 보니 나는 그들의 자유로운 라이프스타일을 동경했던 것 같다. '히피'를 내가 보고 느낀 그대로 '자유롭게, 스스로 정한 가치관대로 사는 사람'이라고 생각하니 그럼 나도 '히피'가 되고 싶었다.

히피라는 이름을 사용한 첫 번째 이유는 내가 히피가 되고 싶어서, 정확히 말하자면 나도 '자유롭게, 스스로 정한 가치관대로 사는 사람'이 되고 싶어서였다.

'히피스베이글'을 창업하기 몇 개월 전 경력이 20년 넘는 쉐프님의 제빵 수업을 들었었다. 약 두 달 동안 진행하는 수업이었는데, 한 달쯤 지났을 때 용기가 나지 않아 미루고 미뤄왔던 질문을 큰 용기 내어 해봤다.

"쉐프님 제가 베이글 가게를 하고 싶은데 어떨까요?"
쉐프님은 다소 모호한 표정으로 '베이글만 팔아서 장사가 될까요? 힘들 것 같은데…'라고 했다. 그때의 답변과 목소리가 4년이 지난 지금도 생생하다.

아무래도 나는 제빵에 거의 초짜나 다름이 없었기에, 전문가 선생님의 의견은 중요했다. 조언을 구할 겸 질문을 했던 것이었는데 예상 밖의 부정적인 답변을 받은 것이었다.

또 제빵 일을 7년 동안 해왔던 선배에게도 내 계획을 찬찬히 자세히 설명을 해봤지만 돌아오는 대답은 '글쎄, 이야기만 들어서는 잘 모르겠네. 베이글만 팔아서 장사가 과연 될까?'였다. 함께 제빵을 배우던 선배들에게 내 계획을 말했지만, 아직 배운 지 얼마 되지 않았는데 할 수 있겠냐? 는 부정적인 답변뿐이었다.

잇따른 부정적인 의견들에 '베이글 가게 창업'에 대한 관심과 자신감이 한풀 꺾였다.

고작 1년 정도 제빵을 배운 사람이라 경험도 없이 내가 하고 싶은 가게를 하기엔 너무 무모한 것이 아닌가 싶어 혼란스러웠다.

하지만 계획대로 베이글 가게를 오픈했다. 제빵을 오랫동안 배워 온 사람은 아니었기에 다양한 빵을 맛있게 만드는 것은 사실상 어렵다는 것을 알았다. 세상엔 빵을 만들 줄 아는 사람이 정말 많고 오랫동안 만들어 온 사람도 많았다. 그래서 베이글 한 가지로 아이디어와 노력을 동원해 자유롭게 표현하는 '자유분방한 제빵사' 제빵 계의 '히피'가 되어야겠다고 생각했다. 이것이 두 번째 이유였다.

물론, 베이글 가게를 오픈하고 나서 시행착오도 많았고 '아! 내가 섣불리 시작했구나!'라는 생각이 들 때 누워있다가도 이불 킥을 한 일이 수없이 많았지만, 4년 가까이 히피스베이글을 잘 운영하고 있는 편이다.

베이글 가게 창업 계획에 부정적인 생각이었던, 제빵을 나보다 오랫동안 해왔던 선배들에게는 없는 것이 나에게는 있었다. 새로운 것을 시도하는 것에 거침이 없는 '초심자의 용기'였다.

나는 히피들의 자유로움과 그들의 가치관대로 살아가는 것을 동경했다. '초심자의 용기'로 나의 에너지와 아이디어를 베이글로 승화시키겠다는 의지를 담아, 내가 좋아하는 여행과 일에서 모두 '히피'처럼 자유분방하고 싶다고 생각했다. 그래서 고민 없이 '히피스베이글'이라고 지었다.

가게 이름을 정하는 것이 정말 중요하다고 생각했다. 가게 이름은 부르기 쉽고, 기억하기 쉬운 것도 중요하지만, 가게 이름에는 나의 정체성이 녹아 들어가 있는 것이다. 사람들이 나의 베이글을 먹을 때 단순히 베이글만 먹는 것이 아닌, 가게의 느낌과 주인의 느낌, 스타일, 더 나아가서 가치관까지 함께 기억할 거라 생각한다.

베이글 가게 창업에 부정적인 생각이었던,
선배들에게는 없는 것이 나에게 있었다.
새로운 것을 시도하는 것에
거침이 없는 '초심자의 용기'다.

'히피스베이글'은 히피들의 자유분방함을 동경하고 여행을 좋아하고, 자유분방한 빵과 베이글을 만드는 베이글 가게입니다.

여행 중에 영감을 받은 베이글

좋아하는 것과 일이 하나로 묶이는 꿈이 현실로

개업 첫해 '일 년에 한 달 여행하기'로 다녀온 여행지는 스페인과 포르투갈이었다. 여행지는 어떻게 정하냐고 하는데, 초반엔 친구들이 있는 곳으로 갔었고, 나중엔 먹고, 보고 싶은 빵들이 있는 곳으로 정했다.

인도에서 함께 아유르베딕 요리와 마사지를 2주간 배웠던 친구 안토니아와 그의 남편 라파는 스페인 사람이었다. 스페인의 마요르카라는 섬에 사는데 많은 사진까지 보여주며 아름다운 곳이니 꼭 놀러 오라고 했었다. SNS로 연락을 주고받으며 지내오던 터라 스페인에 가보자 싶어 결정했다. 포르투갈은 스페인과 가까우니 다녀오기로 했다.

별다른 정보 없이 친구가 살고 있어 갔던 마요르카는 우리나라의 제주도처럼 꽤 유명한 휴양지였다. 할리우드 배우와 오스트리아 국왕의 별장이 있는, 각국의 사람들이 휴양을 오는 곳이었다. 친구인 안토니아의 집도 마요르카의 풍광만큼 아름다웠다. 안토니아의 집은 여름에 여행 오는 사람들에게 빌려주기도 하는데, 인기가 많아 예약이 꽉 찬다고 했다. 집 마당 한가운데에는 가을 단감 달리듯 주렁주렁 레몬이 달린 아름드리 레몬 나무가 있었다. 게스트룸과 주방, 화장실, 부부의 방도 그 레몬 나무를 둘러서 있었다. 주방에서 요리하는 창밖으로 레몬 나무가 마주 보이는, 여자들이 한 번쯤 꿈꾸는 한 폭의 그림 같은 주방이었다.

2주간 머물렀는데, 안토니아가 대부분의 저녁을 마요르카 전통음식으로 요리해줬다. 저녁을 준비하는 동안 올리브를 하나씩 먹으라며 나눠주었다. 씨앗이든 커다란 올리브 한 알을 입에 물고 과육을 다 먹은 후 씨앗을 사탕처럼 입에 물고 있었다. 물어보니 과육을 다 먹고 나서 씨앗도 사탕처럼 빨아 먹는 것이 그곳의 애피타이저라고 했다.

요리를 할 때마다 안토니아는 마당에 있는 레몬 나무에서 레몬을 바로 따다가 사용했다. 그 모습이 어찌나 낭만적이던지, 안토니아에게는 어렸을 때부터 보고 자란 풍경이었을 테니 내가 인상 깊게 봤을 줄은 전혀 몰랐을 것 같다.

여행에서 돌아와서도 레몬 나무와 애피타이저 올리브가 잊히지 않아서 베이글로 만들어 보기로 했다. 레몬 필(레몬껍질을 설탕에 재운 것)을 베이글에 함께 넣어 반죽하고, 그 안은 블랙 올리브와 치즈로 채운 뒤, 데코레이션을 그린올리브로 마무리했다.

이런 조합으로 만들어진 빵을 먹어본 적이 없기도 했고, 레몬과 올리브의 조합을 생각해본 적이 없었다. 막상 만들어보니 내가 기대했던 것보다 맛이 좋았다. 그렇게 해서 스페인 여행에서 영감을 받아 만들어진 베이글이 '스페니쉬 올리브'였다.

히피스베이글을 오픈한 것이 2014년 5월이었다. 그해 2월부터 1년에 한 달 온전히 여행하기를 시작해 4년 동안 네 번을 여행했다. 일 년에 한 달을 온전히 여행하면서 살고 싶은 것이 꿈이 되면서부터, 그냥 여행만 하는 것보다, 내가 좋아하는 여행을 나의 일과 묶어서 할 수 있다면 얼마나 좋을까 상상했었다. 여행 작가처럼 말이다. 여행하고 여행 다녀온 이야기를 책으로 엮어 사람들에게 소개해주고 돈도 버는 것이 여행하는 사람들의 로망인 것처럼.

히피스베이글의 창업 계획을 세울 때부터 1년에 한 달 여행하는 것이, 내 여행의 경험들이 나에게서 끝나는 것이 아니라, 손님들에게 전해지는 것이 있다면 좋겠다고 생각했다. 여행을 다녀와서 주는 선물 같은 베이글을 만들어 보기로 했다. 아무 생각 없이 먹고, 쉬고, 보는 여행도 좋지만, 내가 좋아하는 여행을 하며, 내 일에도 도움이 된다고 생각하니, 소비되는 여행이 아닌 휴가와 출장이 겸해지는 듯한 느낌이 들어 더 만족스러웠다.

그렇게 만든 베이글, 스페니쉬 올리브의 이름표에는 '2014년 스페인 여행에서 영감을 받아 만든 베이글'이라고 적혀있다. 스페니쉬 올리브는 예상했던 것보다 훨씬 인기가 좋았고, 외국 생활을 오랫동안 한 사람이나 외국인들이 좋아하는 베이글이다. 인상 깊은 손님 중에는 스페인어 학과 교수님이 있었는데 스페인 사람이었다.

지금은 스페인으로 돌아갔지만, 일주일에 두세 번은 들러 스페니쉬 올리브만 찾았었다. 내가 스페인에서 영감을 얻어 만든 베이글을 스페인 사람이 좋아하다니. 교수님이 베이글을 사 갈 때마다 '고향의 맛이 아니었을까?' 혼자 상상하며 뿌듯했었다. 원래 여행 다녀와서 만드는 베이글은 시즌 한정으로 판매하려 했었지만, 스페니쉬 올리브는 워낙에 인기가 좋아 고정메뉴가 되었다.

> 1년에 한 달 동안 하는 여행의 경험들이
> 나에게서 끝나는 것이 아니라, 손님들에게
> 전해지는 것이 있다면 좋겠다고 생각했다.
> 여행을 다녀와서 주는 선물 같은 베이글을
> 만들어 보기로 했다.

다음 해에는 정통 베이글의 맛을 보고자 베이글의 도시 뉴욕에 갔었다. 뉴욕에 있는 동안 정말 질릴 정도로 끼니마다 베이글을 먹었는데, 그중 가장 인상 깊었던 것이 어니언베이글 이었다.

우리나라에서 먹어본 어니언베이글은 대부분 반죽에 생양파를 넣어 빵 자체에 양파 향이 나는 스타일이다. 뉴욕에서 먹어본 어니언베이글은 양파를 칩 형태로 튀기고 겉에 붙여 굽는 스타일이이라 신선했다. 그렇게 탄생한 베이글이 '뉴욕 어니언칩'이었는데 역시나 인기가 좋아 '뉴욕 어니언칩 베이글'만 주기적으로 대량주문 하는 손님이 꽤 된다.

물론, 내가 여행 다녀와서 새롭게 개발하거나 현지의 맛을 재현한 것들이 전부 인기가 있었던 것은 아니었다. 밴쿠버의 유명한 '로즈메리 락솔트' 베이글 가게에서 가장 빨리 매진되는 '로즈메리 락솔트' 베이글은 밴쿠버 현지에서 직접 사온 락솔트를 사용해 만들었지만, 생각보다 반응이 좋지 않았다. 로즈마리 향이 한국 사람들에게 익숙하지가 않았을 것이라고 추측하고는 있다.

|
내가 꿈꿔왔던 일들을 현실로 만들고 있다.
내가 좋아하는 여행과 좋아하는 일이 하나로 묶여
나만 좋아하는 일이 아닌
손님들도 기다려주는 일이 되고 있다.
|

이제는 매년 1월이 지나갈 무렵이면 많은 손님이 먼저 궁금해한다.
"이번엔 여행 어디로 가요? 다녀와서 맛있는 거 맛보고 우리한테

만들어 줘요"

"가서 맛있는 거 꼭 배워 와요!"

"여행 다녀오면 또 신제품 나오는 거죠?"

내가 꿈꿔왔던 일들을 현실로 만들고 있다. 내가 좋아하는 여행과 좋아하는 일이 하나로 묶여 나만 좋아하는 일이 아닌 손님들도 기다려주는 일이 되고 있다. 꿈만 같았던 일이 현실에서 이뤄지고 있다. 꿈을 하나씩 이뤄가는 나는 정말 행복한 사람이다.

I have a Dream
–

뉴욕의 히피스베이글을 꿈꾼다

'꿈은 말하고 다녀야 한다'는 것이 나의 생각이다. 내 꿈을 사람들에게 말할 때 꿈에 대해 다시 상기하게 되고, 꿈이 이뤄질 가능성이 커진다. 내 꿈이 많은 사람에게 알려질수록 기회가 더욱 많이 생길 거로 생각한다.
'누가 알아? 우연히 내 꿈 이야기를 듣게 된 뉴욕의 돈 많은 사업가가 투자할 수도 있지 않을까?'라는 어마어마한 상상을 하며!

2년 전 SBS 생활의 달인 촬영 중에 PD님이 갑자기 나에게 물었다.

"앞으로 또 다른 계획이 있다면?"
"기회가 된다면 뉴욕에 히피스베이글을 소개하고 싶어요"

그렇게 말한 순간 나도 놀랐다. 사실 진지하거나 가볍게라도 생각해보지 않았던 일인데, 입 밖으로 내뱉으면서 꿈이 되어 버린 것 같았다. 시간이 얼마나 걸릴지는 모르지만 언젠가는 시도해 보고픈 나의 꿈 리스트에 올라간 것이었다.

'그래! 당장은 내가 뉴욕 시장에 대해 잘 모르기도 하고, 자금도 많이 부족하니 지금 내 상황에서 할 수 있는 최선의 것부터 해보자!! 우선 내 꿈을 저 멀리멀리 알리고 퍼트리는 것에서부터 시작해보자! 인증사진도 남겨보지 뭐!!' 언젠가는 필요한 날이 있겠지,

또 훗날 정말 내가 뉴욕에 히피스베이글을 오픈하면 기념비적인
자료가 될 수도 있으니!!

> I have a dream to open Hippie's bagel in New York.
> Could you please be in my photo wishing me good
> luck with this sign?
> 나에겐 꿈이 있어요. 히피스베이글을 뉴욕에 오픈하는 꿈
> 이요. 행운을 빌어주는 의미에서 당신이 이 사인을 들고
> 있는 사진을 제가 찍어도 될까요?

'이번 한 달 여행은 뉴욕이다'로 결정한 후 내 심장을 콩닥콩닥 뛰
게 하고 잠 못 들게 할 프로젝트를 계획했다. 대단하지 않은 듯하
지만, 사실은 대단한 계획이 생겼다. 이 일로 나의 '뉴욕 여행'은
'뉴욕 출장'이 되었다.

사장인 내가 나에게 허락한 나의 특별한 뉴욕 출장!!

단어와 의미만 바뀌었을 뿐인데 나의 뉴욕 여행은 뭔가 특별한,
대단한 프로젝트가 있는 출장이 되었다.

"이번엔 어디 가시나요?"

"네! 뉴욕에요! 무슨 일로 가세요?"
"출장이요!!"

직장인이라면 한 번은 꿈꿔 봤을 뉴욕 출장을 내가 스스로에게 허락한다니! 생각하나 바꿨을 뿐이다. 출장이라니 내가 마치 어떤 전문가가 된 것처럼 왕창 설렜다.

뉴욕에 도착한 후 시차 적응으로 하루 반나절을 꼬박 잠자는 데 썼음에도 나에겐 20여 일이 남아있었다. 마음 푹 놓고 신나게 베이글을 먹고, 빵을 먹다 보니 벌써 귀국 일주일 전이 되었다. 발등에 불이 떨어졌다.
한국에서는 뭣이 그리 중해서 잠도 못 자고 피곤하게 살았던지, 뉴욕에서는 흐드러지게 늦잠 자고 늘어지게 쉬었다. 이제는 그럴 만한 여유가 없었기에 한국에서 준비한 'Hippie's bagel in NYC'라고 인쇄된 캔버스 천을 가방 안에 챙겼다. 카메라도 목에 걸고 새삼 여행객스러운 차림을 하고 사람이 많은 곳으로 나갔다.
처음엔 어디에서 사진을 찍어 달라 해야 할까, 구체적인 장소도 계획도 없다가 집에서 나오면서 아주 자연스럽게 떠오른 곳이 있어 별 고민 없이 자연스럽게 발걸음을 옮겼다.

타임스퀘어 광장!! 타임스퀘어 광장과 그 주변은 항상 수많은 사람으로 북적였다. 세계에서 가장 비싼 광고료를 자랑하는 최첨단 기술의 전광판이 있는 곳으로 정말 이곳이 뉴욕이구나! 싶을 정도로 번쩍번쩍 한 곳이다. 내 꿈을 그곳에서 소망해 보고 싶었다.

타임스퀘어 광장 한가운데에는 빨간 아크릴로 만들어진 계단이 설치되어 있다. 이곳이 타임스퀘어를 한눈에 볼 수 있는 뷰포인트라 여행객들 대부분 이곳에 들러 사진을 찍는다.

'아! 내가 여기 뉴욕에 와 있어!!'라는 상기된 표정으로 계단에 앉아있는 사람도, 그곳에 앉아서 샌드위치 등으로 끼니를 해결하는 사람도 있었다. 눈 앞에 펼쳐진 화려한 브로드웨이 쇼 광고와 빌딩사이즈만한 전광판에 광고가 빠르게 플레이되는 것을 감상하며 커피를 한잔하는 사람들도 있었다.

이미 평범한 일상을 뉴욕에서 십여 일 보낸 나 역시도 여행객들에 둘러싸여 '내가 정말 뉴욕에 와있어'라는 사실에 미소가 절로 지어졌다.

타임스퀘어 광장 계단 맨 위쪽에 서서 자리를 잡고 주위를 살폈다. 카메라 렌즈 뚜껑도 열어놓고, 사진에 쓰일 'Hippie's bagel in NYC' 사인도 돌돌 말아 옆구리에 딱 꽂아 놓고 준비를 완료했다.

원래 계획대로라면 사람들에게 '사인을 들고 있는 모습을 한 장 찍어도 될까?' 였지만 차마 용기가 나지 않아 우선 내 사진을 먼

저 찍어보기로 했다. '사인을 들고 있는 내 사진 좀 찍어줄래?'라
는 말을 한 시간 반 동안 시도조차 못 하고, 누가 쳐다볼까 사인을
활짝 펼쳐서 보는 것조차 하지 못했다.

뉴욕의 겨울은 한국의 겨울보다 더 춥게 느껴졌고, 그날따라 쌀쌀
한 바람이 불었다. 예상치 못하고 얇은 점퍼 하나만 입고 갔기에
시간이 지날수록 가만히 서 있지 못하고, 계속해서 발을 동동 구
르거나 스트레칭을 해야 했다.

사실 그렇게 눈치 보며 사진을 못 찍고 발을 구르고 있을 것이란
예상을 하지 못했다. 나는 뭔가를 시작할 때 다른 사람들도 하는
데 나라고 못 하겠어? 라고 생각하며 크게 고민하지 않고 우선 저
지르고 보는 타입이다. 그래서 때때로 이런 나의 결정들이 나에게
엄청난 시련과 고난을 안겨주기도 한다. 시작한 일을 수습하느라
진땀을 빼지만, 그런 고생들은 금세 잊어버리고 언제 그랬냐는 듯
또 새로운 것을 시작한다.

게다가 매우 소심하기까지 하다. 원체 성격상 남들에게 부탁하는
것을 정말 어려워해 여행 중 길을 못 찾아도 사람들에게 잘 물어
보지 않으며, 찾을 때까지 찾고 헤매다가 물어보는 경우가 많다.
이런 내가 이런 용감한 프로젝트를 결심하다니 놀라운 일이었다.

사실 이번 프로젝트도 스스로 용기가 나지 않아 '어떻게 생각해야

내가 좀 더 쉽게 일을 벌일 수 있을까?'라고 고민하다 몇 가지 피치 못할 사정을 일부러 예시로 만들어 봤는데, 그 중 자신을 가장 설득하기 좋은 이유를 붙였다.

'나는 지금 회사에 다니는 거고, 사장님이 지시한 일이야! 난 사장님이 시키는 일을 하는 거다. 시킨 일을 어쩔 수 없이 하는 거야!!'

우습지만 이렇게라도 해야 용기를 낼 수 있을 것 같았다. 막상 밖에 나가보니 사람들에게 내 꿈을 영어로 설명하는 것 자체도 쉽지 않은 일인 데다가, 사진까지 부탁해서 찍어야 하는 일이 생각만큼 쉬운 일이 아니었다.
시간이 지나갈수록 내가 이렇게 어려운 일을 도전하기로 마음먹었다니, 도저히 용기가 나지 않았다. 하지만 내가 사람들에게 어떤 시도도 하지 않은 채 포기하지는 않을 거란 걸. 어떤 이유로라도 나를 설득시켜 시도라도 해봤을 거란 걸. 난 알고 있었다.

심호흡을 크게 한 후 옆에 사진을 찍으며 수다 떠는 여자 둘을 계속 쳐다보며 부탁할 시기를 엿봤다. 본인들의 기념사진을 다 찍은 듯 싶어 물었다.

"Could you take my picture?"

"Sure"

조심스레 태연한 척 'Hippie's bagel in NYC'사인을 펼쳐 들며 마음속으로는 크게 심호흡을 했다. 그러나 심호흡하고 걱정했던 것이 무색하게, 그들은 내가 들고 있는 것에 대해서 궁금해하지 않았으며, 내 주변의 누구도 내 사인에 관심 두는 이가 없었다.

그렇게 한 시간 반 만에 'Hippie's bagel in NYC'사인을 들고 첫 사진을 성공적으로 찍고 나니, 조금은 용기가 났다. 하지만 내 꿈을 설명하고 내 사진의 모델이 되어달란 부탁을 하기란 쉽지 않았다. 그래서 작전을 바꾸기로 했다.

'그래! 내가 먼저 사진사가 되어주자!! 그럼, 사람들이 긴장을 풀고 나에게 호의적으로 될 것이고, 그때 내 꿈과 제안을 설명해 보는 거야!! 상부상조하는 거지!'

|

한 시간 반 만에 'Hippie's bagel in NYC'사인을 들고
첫 사진을 성공적으로 찍고 나니,
조금은 용기가 나는 듯싶었다.

|

그때부터 혼자 여행 온 사람, 가족끼리 여행 온 사람 중 사진 찍어 줄 사람을 찾고 있는 사람은 없는지, 하이에나처럼 사람들이 눈치 채지 못하게 탐색하기 시작했다.

때마침 핸드폰을 들고 소심한 듯 주변을 둘러보던 한 아저씨와 눈이 마주쳤다. 사진 찍어 줄까요? 라고 하니 기다렸다는 듯이 고마워했다. 그렇게 사진을 연달아 3~4장 찍어 주고는 맘에 안 들면 다시 찍어주겠다고 최대한 호의를 베풀었다. 괜찮다는 대답을 들은 후 본격적으로 나의 이야기를 시작했다.

'어느 나라에서 왔어요?'
'혹시 나도 한 가지만 부탁해도 될까요?'로 시작을 했다.

집에서부터 계속 외워온 그 문장, 혹여 틀리기라도 할까 봐, 정말 수십 번은 입으로 중얼거렸던 그 문장을 처음으로 내뱉으면서 동태를 살피는데 아저씨는 고개를 갸우뚱했다. 영어를 잘 못 하였기에 사진과 바디 랭귀지를 동원해 설명하기 시작했다. 어떻게 해서 잡은 기회인데 절대 놓칠 수가 없었다.

어찌어찌 설명했더니 아저씨는 고개를 끄덕이며 흔쾌히 응해주었고, 내 손에 쥐고 있던 사인이 아저씨의 손에 건네지는데 그 흥분감과 고마움은 말로 다 할 수가 없었다.

내 프로젝트의 첫 결실이 맺어지려는 순간이었다. 한 장으로는 부족해 3~4장을 찍은 후에 허리까지 90도로 접힐 듯 인사를 하며, 정말 고맙다고 했다.
찍은 사진을 보여달라 하더니 'Oh I like it!!' 거의 두 시간을 추위에 벌벌 떨다가 얻은 정말 귀한 사진이었다.
정말 감사하다고 다시 한번 인사를 하며 이메일 주소를 주면 사진을 보내 드릴 수 있다고 했다. 아쉽게도 이메일은 없다고 하였다.

누군가가 나의 얼굴을 봤다면 정말 행복 그 자체였으리라.
'what a wonderful world'

꿈은 크게 꾸어도 괜찮아

–

타임스퀘어에서 히피스베이글을 광고하다

그날부터 약 5일간 타임스퀘어 광장으로 출근했다. 숙소에서
나와 익숙한 듯 지하철을 타고 익숙한 듯 같은 장소를 지났다. 타
임스퀘어 광장에 있는 커피숍에 매일같이 들러 따뜻한 카페라테
한 잔을 한 모금 마시고는 바로 타임스퀘어 광장 계단으로 갔다.
그렇게 며칠을 지내니 화려한 뉴욕 맨해튼 중심지의 뉴요커가 된
기분이었다.

'역시 나는 혼자서 잘 먹고 잘 노는구나!!'

내가 하고 싶어 시작한 프로젝트가 처음엔 너무나 큰 부담이 되었
지만, 과정에서 점차 만족하고 적응하는 것 같았다.
내가 숙소 이외에 가장 많은 시간을 보냈던 장소가 타임스퀘어
광장 계단이었다. 5일 동안 타임스퀘어 광장에서 매일 4~5시간
을 보내면서 약 100명의 사람을 만나 내 꿈을 설명했다. 그중 약
80% 정도의 사람들이 긍정적으로 내 사진의 모델이 되어주고, 내
꿈을 함께 소망해 주는 것에 동참해 주었다.
사람들에게 내 꿈을 설명하고 그 사람들의 반응을 확인했다. 부탁
을 응해주는 과정과 사진을 찍고 나눴던 이야기들, 마지막 인사로
행운을 빌어주는 고마운 사람들의 모습에 매 순간 감동했고 감사
했다.

'세상은 정말 살만한 곳이구나.'
'내 주변의 사람들은 언제나 나에게 참 너그럽구나'
'나에게 기회는 언제나 열려있구나'
'난 정말 행운아다'
'나는 정말 행복한 사람이구나'

프로젝트를 진행하는 5일간 마음은 하루하루 과도한(?) 설렘과
흥분으로 가득 찼고, 무엇이라도 할 수 있는 사람이 된 것 같았다.
정말 감사한 사람들과 단지 사진만 찍은 것이 아니었다. 각자 서
로의 이야기를 나누었고 친구가 되었다.

스페인 세비야 지방에서 여행 온 부부는 7살, 5살, 2살의 아들이
있었지만, 여행을 너무 하고 싶어 아이들을 장모님에게 맡기고 일
주일간 여행을 왔다고 했다. 나의 베이글 가게에 대한 이야기와
스페인 여행기를 나누고, 잘 아는 뉴욕 베이글 맛집도 추천해 주
었다.

터키 항공사 스튜어디스 제란은 뉴욕으로 비행이 있어 왔는데, 뉴
욕이 너무 좋아서 이 자리에 있는 것이 마치 꿈만 같다고 했다. 지
금 하는 스튜어디스 일이 돈이 되는 일이고 좋은 직업이긴 하지
만, 자신에게 돈이나 좋은 직업은 중요하지 않은 것 같다고 했다.

언젠가 기회가 되어 뉴욕에서 웨이트리스라도 할 수 있다면 이곳에서 살고 싶다고 했다.

나는 히피스베이글 뉴욕점을 내고, 너는 뉴욕에서 일하고, 뉴욕에서 또다시 만나자고 했다. 이야기만으로도 행복한 미소와 격한 리액션을 보이며, 꼭 그렇게 되었으면 좋겠다고 했다. 그날 인연이 되어 우린 이틀 동안 만나 함께 여행했다. 수다스럽고 친화력이 좋은 성격의 제란(Ceren)이 내 꿈 프로젝트를 도와줘 더 다양하고 많은 사람과 이야기하고, 사진도 찍을 수 있었다.

하루하루 과도한(?) 설렘과 흥분으로 가득 찼고.
무엇이라도 할 수 있는 사람이 된 것 같았다.
정말 감사한 사람들과 단지 사진만 찍은 것이 아니었다.
각자 서로의 이야기를 나누었고 친구가 되었다.

이스라엘에서 15년 전의 첫사랑을 찾아 여행을 왔다는 한 아저씨는 영화 '비포 선 라이즈'를 떠오르게 했다. 그녀의 15년 전 사진까지 소중히 책갈피로 넣어 왔다며 가방에서 꺼내 보여주었다. 정말 아름다운 여자였는데 연락이 잘되지 않는다고 했다. 어떻게 해야 할지 다른 방법을 찾아봐야 할 것 같다고 말하는데 표정이 정말 진지했다. 선그라스를 쓰고 있는 나에게 잠깐 벗어볼 수 있냐고 했다. 반짝반짝 거리는 눈에서 나오는 긍정적인 에너지를 믿는데, 내 눈에서 그걸 느꼈다고 했다.

"네가 지금 하고 있는 미션을 끝내면 미래에는 네가 할 수 있는 일이 더 많아 질거야, 행운을 빌어!!"라고 이야기하고는 그 자리를 떠났는데, 그 목소리가 귓가에 한참을 맴 돌았다.
'정말 이 프로젝트 하기를 정말 잘했다!!!' 다시 한 번 생각했다.

타임스퀘어에는 나 말고도 비슷한 생각들을 가지고 특별한 장소에서 특별한 무언가를 남기고 싶어 하는 사람들이 꽤나 있었다.
법대에 다니는지 친구와 판사봉(?)을 들고 함께 사진을 찍는 사람, 트럼프 대통령에게 보여주고픈 자신의 의견을 천에 적어 들고 온 사람, 타임스퀘어에서 친구와 대화하는 것을 비디오로 녹음하는 사람, 친구에게 보내줄 사진을 찍고 있던 뉴요커까지.

'내 꿈을 알리고, 함께 빌어주는 사진 몇 장 남겨 보자'며 시작했던 프로젝트인데, 마음이 따뜻해지는 긍정적인 에너지를 사람들로부터 가득 차고도 넘치게 받았다.
그들의 눈빛에서 '너는 할 수 있을 거야', '꼭 꿈을 이룰 수 있길 빌어', '정말 대단한 일을 하고 있구나', '꿈을 이루려는 너의 노력이 너무 멋지다' 등 긍정적인 메시지를 읽을 수가 있었다. 내 이야기를 듣고 나서 나를 안아주는 사람도 있었고, 한국에 가게 되면 너의 가게에 꼭 들르겠다는 사람도 있었다.

'내 꿈을 알리고, 함께 빌어주는 사진 몇 장 남겨 보자'며
시작했던 프로젝트인데 마음이 따뜻해지는 긍정적인
에너지를 사람들로부터 가득 차고도 넘치게 받았다.

훗날 행복했던 뉴욕 여행의 사진 파일을 뒤적거리다 내가 찍어준 사진을 보며, 나와 내 꿈 이야기를 떠올리지 않을까?
'자기 꿈에 대해 이야기 하던 어떤 동양인 여자가 있었다'고

머릿속에서 갑자기 번쩍하며 떠올랐던 나의 용감한 '뉴욕의 꿈 프로젝트'를 실현하는 과정에서 감사함, 자신감, 행복함과 긍정적인 모든 감정을 다양하게 느낄 수가 있었다. 나는 마음이 부자구나라고 느꼈다.

애초 계획은 내 꿈에 대해 설명하고, 꿈을 함께 소망해주는 사진을 찍자는 것이었다. 하지만 본의 아니게 전 세계적으로 최고의

광고료를 자랑한다는 뉴욕 타임스퀘어에서 내 꿈을 홍보했다. 그
리고 나의 가게 '히피스베이글'을 무료로 홍보 할 수 있었다.

도전하길 정말 잘했다. 덕분에 앞으로도 뭐든 잘할 수 있겠다는
생각이 들었다. 행복했다. 이스라엘 아저씨의 말이 다시 떠올랐다.

'그래 앞으로도 잘 할 수 있을 거야. 네 눈은 반짝반짝 참 좋으니
까.'

꿈을 향해 작은 걸음으로 다가서기

–

뉴욕에서 만난 베이커리 카페 COLSON

히피스베이글 뉴욕점 오픈이 꿈이 된 후 뉴욕에 대한 관심이 높아졌다. 뉴욕 사람들은 어떤 베이글, 어떤 종류, 어떤 식감의 빵을 좋아할까? 또 그곳의 사람들은 어떤 빵을 즐겨 먹을까? 내가 만약 사업을 한다면, 한국식으로 해야 할까 아니면 정통 뉴욕 스타일을 개발해야 할까? 아니면 한국 스타일과 접목을 시켜야 할까?

계속 내 꿈이라고 말하고 생각하다 보면 언젠가 뜻밖의 기회가 올 수 있겠지. 기회가 왔을 때 잡으려면 최소한 영어는 어느 정도 해야 되니 한동안 영어공부도 꾸준히 했다.

세상엔 가고 싶고, 봐야 할 나라가 너무 많아 한번 다녀온 여행지를 다시 가는 일은 거의 없었다. 뉴욕에 방문한 이후 3년 만에 두 번째 뉴욕 방문을 했다. 3년 전엔 무엇을 보고 먹을지 계획을 했다면 이번엔 '히피스베이글 인 뉴욕'을 위해 어떤 것들을 알아보고 와야 할지에 대한 리스트를 만들었다. 그중 하나가 뉴욕에서 베이글 가게나 빵집에서 일하는 사람들을 만나 이야기를 들어보는 것이었다. 하지만, 누구를 만나야 할지, 어떻게 알아봐야 할지 감이 오지 않았다. '도착하면 어떻게든 되겠지'하고 뉴욕에 도착해서 부딪혀보며 알아보기로 했다.

뉴욕으로 출발하기 일주일 전 정말 오랜만에 뉴욕에 사는 친구와 연락이 닿아 만나기로 했다. 친구가 베이커리 카페에서 일하는 데 꽤나 유명한 가게니 꼭 한번 놀러 오라고 했다. 3년 전 뉴욕에 방문했을 때도 베이글 가게와 빵집 몇몇 곳을 찾아다녔었다. 사실 뉴욕에서 먹어본 빵은 너무 딱딱하거나 익숙하지 않은 향이 강했다. 디저트류도 너무 달아 내 스타일은 아니라고 생각했다. 뉴욕 사람들은 나와 취향이 다를 수 있다고 생각했다.

큰 기대 없이 친구를 만날 생각으로 친구가 일하는 'COLSON'에 갔다. 별 기대 없이 방문하려 했던 'COLSON'은 입구에 들어서기 100m 전부터 영혼을 쏙 빼갔다. 테이크아웃 형태의 베이커리 카페라 판매하는 곳은 넓지 않았다. 베이커리 냉장고 두 개와 커피 머신, 그리고 샌드위치 샐러드를 판매하는 냉장고 한 대가 전부였다. 그런데 'COLSON' 입구를 찾아가는 길목 100m 전부터 윈도우 오픈형 주방으로 작업장의 내부가 공개되어 있었다. 빵을 만드는 모습이 보이니 마음이 설렜다.

빵집은 몇 년 전부터 핫하게 떠오르는 지역인 브루클린의 '인더스트리 시티'라는 곳에 있었다. 이곳은 이전에 공장으로 운영되던 건물을 새롭게 리모델링하여 독특한 콘셉트의 과자점, 정육점, 카페 등으로 운영되는 곳이었다.
제2의 첼시마켓이라고도 불리는 곳이었고, 우리나라로 따지자면 성수동 공장지대를 카페로 개조한 카페 골목이라고 생각하면 될 것 같다.

도착하자마자, 친구가 만들어준 라떼 한잔을 들고 이곳의 스페셜 티라는 크루아상을 받아들었다. 입으로 가까이 가져가니 입술에 서부터 겹겹이 바스라지는 크로아상은 입안에 들어오기 전부터 감동이었다. 입안 가득 퍼지는 버터의 풍미와 촉촉한 크루아상의 속살은 환상이었다. 이 정도의 맛이라면 정말 다 맛있겠구나!

크로와상을 하나 다 먹으면 배가 불러 다른 것을 맛보지 못할 것 같아 스콘을 하나 더 집어 들었다. 바싹하게 구워진 스콘의 가장 자리를 한입 베어 물자 식감이 묵직하고 버터의 풍미가 가득했다. 내 친구가 이런 곳에서 일을 하다니, 이건 신이 주신 계시야! 아! 고맙다 친구야, 역시 현지인이 추천해주는 맛집은 나를 실망하게 하지 않는다.

테이크아웃 형태의 베이커리 카페라 판매하는 곳은 넓지 않았다. 그런데 'COLSON' 입구를 찾아가는 길목 100m 전부터 윈도우 오픈형 주방으로 작업장의 내부가 공개되어 있어 빵을 만드는 모습이 보였다.

뉴욕에서 프랑스인이 경영하는 맛집으로 소문난 가게라니, 사장님과 꼭 인터뷰하고 싶었다. 내가 만약 뉴욕에 베이글 가게를 오픈하게 된다면, 뉴욕에서 '한국인'이 경영하는 베이글 가게가 될 터이니, 조언이나 정보를 얻을 수 있을 것 같았다.

친구가 잘 설명을 해준 덕에 사장님과 인터뷰도 하고, 작업장 내부도 답사를 할 수 있다고 했다. 역시나 나는 운이 좋다! 진심으로 고맙다 친구야!

사장님이 출장 가는 바람에 10여 일 뒤로 스케줄을 잡고, 다시 방문한 COLSON은 맛있는 커피에 환상 조합인 페이스트리, 타르트, 조각 케이크 등으로 반짝반짝 했다.

나는 감사의 선물로 사장님께 무엇을 전해줄까 하다가 친구도 줄 겸 해서 배추겉절이를 만들어 유리병에 담아 전달했다. 후기는 듣지 못했으나 맛있게 드셨기를 바라며.

커피 한잔을 들고 사장님과 인터뷰를 시작했다.

"처음에 어떻게 뉴욕에서 가게 시작을 할 생각을 했나?"

"원래는 프랑스에서 살다가 영화 공부를 하러 뉴욕에 왔고, 원래 빵을 만드는 사람이 아니었어. 뉴욕에서 영화 공부를 5년 정도 했는데 예술 분야보다 뭔가 더 어려웠어. 그때가 서른 즈음이었는데 결혼도 해야 했고, 계속 영화공부를 하기엔 현실과 너무 거리가 있다는 걸 깨달았지. 그때 가족들과 벨기에로 여행을 갔는데 COLSON이라는 가게를 봤어. 가게는 정말 아름다웠고, 자기가 좋아하는 빵을 사러 가게에 오는 사람들의 미소와 분위기가 너무 인상 깊었어. 너무나도 먹음직스러운 조각 케이크와 롤케이크를 진열해 놓고 판매하는, 이 아름다운 공간을 뉴욕으로 가져가면 어떨까 싶은 생각에 시작하게 되었지.

처음엔 자본도 많지 않아서 가겟세를 낼 수 있는 적당한 공간을 찾아서 이곳으로 오게 되었어. 내가 시작할 때만 해도 가겟세가 적당했는데, 지금은 이곳이 유명해져 세가 많이 올랐어. 초반엔 다른 가게에 납품하던 곳이 25곳 정도였는데, 지금은 170곳에 납품을 하고 있으니 많이 성장했지. 가게도 정말 작은 곳에서 시작했는데, 지금은 시설도 많이 늘리고 직원도 충원하고 최근에 매니저까지 새로 왔어. 내가 혼자서 마케팅에 시설정비에 재료 주문하고, 납품관리까지 다 신경 써야 하니 너무 일이 많고 힘들어서 투자한 거지.

"와 정말 부럽다. 나도 지금 작은 가게에서 동생과 아르바이트 한명, 셋이서 일하고 있는데, 제조도 하고 관리에 마케팅, 기계 정비까지 이것저것 내가 해야 할 일들이 너무 많다. 정말 하루에 15시간 정도 일을 하는 것 같아."

"가족과 함께 사업을 하는 건 모든 것이 완벽하게 관리가 되고, 함께 의지하며 할 수 있으니 장점이 되긴 하지. 하지만, 사람을 쓰지 않고 혼자 관리를 하며, 가족하고만 사업을 유지하려 하면 성장하기가 쉽지 않아. 그리고 너의 삶에서 가족과 함께하는 시간, 네가 쉴 시간도 필요하잖아. 1~2년 정도 열심히 시간을 투자하는 기간이 필요할 수는 있지만, 계속 그렇게 하다간 일 외에 개인적인 삶이 망가질 수도 있어. 일하는 의미를 생각해 봐야 해."

"맞아. 나도 가족과 일하는 것에 익숙해져서 새롭게 사람을 뽑고 함께 일한다는 것에 대해서 망설이게 되었거든. 뭐든 내손에서 해결하려고 하니까 점점 더 힘들어지는 것 같아. 나도 이젠 바뀌어야겠지. 점점 나아 질 거야."
"외국인으로서 뉴욕에서 장사한다는 건 어때?"

"내 고향이 아닌 곳에서 사업을 한다는 것은 쉽지 않지. 먼저, 나뿐만이 아니라 나와 함께 살아야 할 가족들도 생각해야 하거든. 뉴욕은 빠르게 변하고 가겟세도 비싸. 금전적인 것 때문에 오랫동안 버티지 못하고 문을 닫는 곳들이 정말 많지. 특히 외국에서 사업을 하러 온 사람들은 이곳의 시장, 다양한 문화에 대해서 잘 알지 못하고 뛰어들었다가 실패하는 경우가 많은 것 같아. 뉴욕에서 사업을 한다는 것은 사실 쉽지 않지.

"혹시, COLSON을 프랜차이즈나 외국에서 오픈하고 싶다는 생각 해 본 적은 없어?"

"음, 글쎄 한국에서 온 파리바게뜨나 이런 프랜차이즈들을 알고는 있어. 하지만 반죽을 냉동상태로 보내서 굽는다거나, 어떻게 운영 되는지는 잘 모르지만 그런 것들을 나는 못 할 것 같아. 지금처럼 COLSON과 같은 시스템으로 정말 똑같게 운영된다면 모를까 아 무래도 난 프렌차이즈에는 관심이 없는 것 같아.
또 다른 가게를 오픈하게 된다면 COLSON과는 다른 스타일로 창 의적인 가게를 하고 싶은 생각은 있어. 하지만 지금은 COLSON에 투자하는 것만으로도 아주 벅차. 앞으로 외국에 가게를 내지 않겠 다는 것은 아니지만, 지금 당장은 계획이 없어. 나중에 하게 된다 면 페이스트리 쉐프가 하는 것처럼 일 년에 한 번씩 그 나라에 가 서 교육하고 관리하는 기술이전 형식은 괜찮아 보여. 일본 동경에 일 년에 한 번씩 레시피 교육하러 다녀오는데 알려준 방식 그대로 잘 운영, 유지하고 있어서 놀랐다고 하더라고. 혹시 모르지 한국 에서 베이글 가게 하는 사장님이 같이 하자고 하면 할 수도 있지 않겠어? 하하하"

"그럴 수 있다면 정말 좋겠어. 내 꿈이 베이글 가게를 뉴욕에 내는 건데 어떻게 생각해?"

이곳에는 케이 타운에 한국 사람들도 장사를 많이 하고 있고, 유명한 곳들도 꽤 있잖아? 그리고 한국 사람들의 스타일에 맞는 베이글을 잘 만들어 판매한다고 하면 충분히 가능하다고 생각해. 아무래도 너는 한국 사람들이 어떤 스타일을 좋아하는지 잘 알 테니 말이야. 나중에 뉴욕에서 베이글 가게를 열어서 지금 파는 것처럼 400개가 아니라 4,000개의 베이글을 파는 가게를 네가 만들어봐! 기대할게!!"

"정말 그렇게만 될 수 있다면 얼마나 좋겠어? 알겠어! 정말 고마워."
"마지막으로 '히피스베이글 인 뉴욕'의 꿈을 빌어주기 위해 피켓을 들고 사진 한 장 찍어줄 수 있을까? 언젠가 이 사진이 내 책에 실리게 될지도 모르잖아?"

"그래 해줄 수 있지! 나중에 뉴욕에서 또 만나자 행운을 빌어!"

그렇게 한 시간 동안 정말 뜻깊은 인터뷰 시간이었다. 바쁜 대표가 귀한 시간 내줘서 얼마나 감사했던지. 좋은 친구를 둔 덕에 정말 호강한 하루였다.

한 달 동안 뉴욕에 있으면서 내 소개를 할 일이 생기면 나는 베이커고 한국에서 베이글 가게를 한다고 했다. 그럴 때마다, 뭐? 한국에서 베이글? 여기가 베이글의 도시 뉴욕인데 한국에서 베이글 가게를 한다며 의아해하는 사람들이 꽤 있었다.
뉴욕의 베이글이 정통이라고 생각하는 듯했다. 사실 공감한다. 어느 도시보다도 베이글 가게가 많고, 그만큼 베이글 소비가 많은 도시일테니.

하지만, 요나단 사장과 이야기를 나누며 정말 비즈니스 마인드가 다르다며 무릎을 '탁' 친 내용이 있었다.

"어떤 스타일의 베이글을 만들어?"
"뉴욕식 베이글은 좀 질긴 것 같아서 좀 더 부드럽고 쫄깃한 한국식 베이글을 만들어."
"그래 맞아. 당연히 너희 문화에 맞게 다르게 만들어야지."

보통은 한국식 베이글이라고 하면, 그건 베이글이 아니라는 뉘앙스의 반응이 대부분이었는데 요나단 사장은 전혀 달랐다.
요나단 사장과 이야기 하며 정말 공감되는 부분도 많았다. 또한

내가 혼자 처리해야만 안심하고 모든 걸 완벽하게 컨트롤 하려는
마음이 강했던, 그래서 너무 힘들고 벅차 종종 회의를 느끼기도
했던 나에 대해 되돌아보게 되었다.
역시, 나보다 훨씬 오랫동안 고민하고 운영해 온 사람은 다르구
나.

뉴욕에서 베이커리의 선배를 만나서 조언을 듣고 싶다는 작은 계
획에서 시작해, 뜻밖에 유명한 베이커리를 운영하는 요나단 사장
을 만나게 되는 값진 시간을 갖게 되다니! 나에겐 언제나 풀기 힘
들 것 같은 일이나 계획들이 생각보다 쉽게 풀리는 경우가 많았
다. 작은 계획에서 시작된 일이지만 꼭 한번 이뤄보겠다는 의지만
있다면, 세상은 생각보다 너그럽고 많은 기회를 주는 것 같다.

나에겐 뉴욕에서 가게를 오픈할 돈도, 구체적인 계획도, 누군가
나를 도와줄 투자자도 없지만, 꿈을 꾸고 아주 작은 걸음으로 조
금씩 나름의 준비를 해가고 있다.
언젠가 뉴욕에 '히피스베이글'를 오픈해서 'COLSON'처럼 아름다
운 가게로 만들어갈 그 날을 기대하며.

언제나 풀기 힘들 것 같은 일이나 계획들이
생각보다 쉽게 풀리는 경우가 많았다.
작은 계획에서 시작된 일이지만
꼭 한번 이뤄보겠다는 의지만 있다면,
세상은 생각보다 너그럽고
많은 기회를 주는 것 같다.

고정관념을 버리면 다채로워진다

—

브루클린 베이글 컴퍼니

뉴욕 여행의 계획 중 하나가 뉴욕의 베이커리나 베이글 가게에서 일하는 선배들과 대화를 나눠보기 위해서였다. 여행 출발 전 구체적인 계획도 없이 '내가 말을 건넬 용기만 있다면 뭐든 가능하겠지'라는 생각으로 뉴욕에 도착했다.

하지만 막상 부탁하기가 쉽지 않았다. 남을 불편하게 만드는 부탁은 민폐라 생각하는 편이라 되도록 혼자 해결하려 하는 경우가 많았다. 당연히 해야 하는 일이라는 이유를 만들자 했다. 그래 '이건 내가 이번 여행에 꼭 해야 하는 내 일이니까'.

마음을 굳게 먹고, 가이드북이나 블로그에서 추천하고 트립어드바이저(여행자들에게 유용한 맛집, 숙박 안내 앱)에서도 평점이 좋은 Brooklyn bagel&coffee company로 들어갔다. 사실 이곳은 2년 전 뉴욕에 처음 왔을 때도 그리고 2주 전에도 왔었던 곳이다. 사진을 찍으면 뭐라고 하지 않을까 봐 눈치 보느라 베이글만 배불리 먹고 나왔던 곳이었다.

이곳에 가기 전 근처에 있는 Murray's 베이글에 먼저 들렀는데, 그곳에서 The Chelsea club이라는 두툼한 '샌드위치 베이글'과 블랙커피를 주문했다.
점심시간이 막 지난 시간 때문인지 사람이 많지 않은 것을 확인하고는, 주문 후 기다리는 동안 사진 좀 찍어도 될지 물었다.

평소 같으면 소심하게 눈치 보며 한두 장 찍었을 텐데, 허락을 받고 나니 이때가 기회다 싶어, 사진작가라도 된 양 대놓고 한 스무 장을 찍었다.

Murray's에서 교훈을 얻고 방문한 Brooklyn bagel&coffee company에서도 사진을 찍으려면 뭔가 주문을 해야 할 것 같았으나 이미 커다란 베이글 샌드위치와 커피를 뚝딱 하고 온 터라 시원한 아이스티만 한잔시켰다(뉴욕에서 메뉴판에 '샌드위치 베이글'이라고 적혀있는 메뉴를 시키면, 대부분 빅맥 버거를 능가하는 두께와 밀도가 높은 베이글이라 하나를 다 못 먹을 만큼 양이 많다).

용기를 내어 사진 좀 찍어도 되냐고 허락을 받고, 다시 사진을 스무 장 넘도록 찍고 있자니, 직원들이 이상하게 쳐다보는 것이 느껴졌다. 시선이 부담스러워 해명 아닌 해명을 하기 시작했다.

"지금 베이글과 관련된 책을 준비하고 있어서, 사진들이 필요해."
상황을 설명하자, 직원들의 눈빛에서 호기심이 느껴지며 나에게 관심을 두고 이야기를 건네기 시작했다.

"우리 가게는 YELP(미국에서 많이 사용하는 맛집 앱)에서도 추천하는 맛집이고, 주말에는 아침 8시부터 오후 2시까지 사람들이 끊임없이 줄서는 곳이야. 베이글만 하루에 4,000개 이상을 팔아." 나도 한국에서 베이글 가게를 하고 있다고 했더니 동종업계 사람이라 반가워하는 듯했다. 직원의 'Anwar'였고, 자기가 맡은 건 크림치즈를 만드는 일이라고 자기 머릿속에 레시피가 다 들어있다고 했다. 그러더니 메모지와 종이를 가져와서 나에게 물었다.

"한국 사람들이 좋아하는 크림치즈가 뭐야? 너희 가게에서 제일 잘 팔리는 건 뭐야?"

인기가 많은 '어니언 바질 크림치즈'를 말해주니, 레시피가 무언지 궁금해했다. 그곳에서는 스리라챠라고 매운 태국 소스가 있는데 그걸로 크림치즈를 만들어 파는데 인기가 괜찮다고, 한국에는 뭐 소이 소스나 뭐 특별한 거 없냐고 물었다. 한국에 고추장이 있기는 하지만 '고추장과 크림치즈랑은 안 맞을 것 같다'고 하니 고개를 끄덕였다. 스리라챠는 타바스코(핫소스)와 비슷한 소스인데, 크림치즈에 핫소스라니, 뭔가 한국 사람들에게는 매우 생소할 듯한 조합이다. 마치 고추장과 크림치즈의 조합처럼….

내가 만드는 베이글이 어떤 스타일인지 사진이 보고 싶다고 하여, 휴대폰에 있는 히피스베이글을 보여줬더니, 단번에 '이건 베이글이 아니잖아'라고 했다. 이해가 안 가는 것은 아니지만 베이글을 인정해 주지 않음에 약간 서운했다. 뉴욕이 베이글의 도시니 그곳의 베이글과 다르면 베이글이 아니라고 생각할 수도 있다.

그때부터 많은 관심이 내게 집중되기 시작했다. Anwar가 함께 일하는 동료에게 설명했는지 옆의 친구도 사진을 보고 싶어 했다. 너는 반죽의 양을 조금씩 하는 것 같다고 하며, 그곳의 베이글은 어떤 공정으로 만드는지, 몇 도의 온도에서 굽는지 오븐은 어떤 것으로 굽는지 하나하나 설명해주기 시작했다. 선배들과 이야기하면서 뜻밖의 소득이 생겨났다.
"용기 있는 자가 베이글 만드는 방법을 얻는구나!"

반죽의 양을 조금씩 하는 것 같다고 하며,
그곳의 베이글은 어떤 공정으로 만드는지,
몇 도에서 굽는지, 오븐은 어떤 것으로 굽는지
하나하나 설명해주기 시작했다.

그렇게 사진 몇 장을 찍는 것으로 시작해, 20~30분 동안 직원들과 베이글, 나의 꿈에 대해 긴 이야기를 나눴다. 한가했던 시간이 지나가고 손님들이 하나둘씩 들어오기 시작하자 이야기를 마쳤다. 사진을 몇 장 더 찍은 후 마지막으로 'hippie's bagel in NYC' 사인을 들고 내 꿈을 응원해 줄 수 있는지 부탁했더니 흔쾌히 허락해 주었다. 그냥 일반 빵집이 아닌 뉴욕의 유명한 베이글 가게에서 한국의 서울 한 쪽에 있는 히피스베이글이 응원을 받는다니 더욱 감격스러웠다.

Anwar가 플래카드를 지그시 바라보더니 흐뭇한 표정으로 '이거 참 좋은 생각이야'라고 했다.
"네 꿈을 꼭 이루길 바래. 그리고 나중에 정말 뉴욕에 다시 돌아와서 꿈을 이루게 된다면, 한 번쯤 연락 줘. 우리가 파트너쉽을 맺게 될 수도 있잖아? 모든 레시피는 내 머릿속에 다 있으니까."
그렇게 우린 연락처와 이메일 주소를 서로 주고받았다. 고마웠다고 말하며 나가는 나를 향해 모두가 한마디씩 '행운을 빈다'고 해 주었다.

일하며 바쁜 중에도 처음 본 나와 대화를 나누려, 하던 일을 멈추고, 내가 묻는 말에 대답을 해주던 친절했던 직원들의 모습이 일 년이 지난 지금도 잔잔한 고마움으로 남아있다.

소심해서 부탁하기가 두려웠던 나에게 세상은 내가 알고 있고, 상상하는 것보다 훨씬 더 너그럽다는 걸 뉴욕의 베이글 가게 탐방을 통해서도 많이 느꼈다.

한마디씩 빌어준 행운들이, 미래의 언젠가 나의 노력과 함께 모여 실현이 되는 상상을 일 년이 지난 지금에도 다시 떠올려 본다.

일을 하며 바쁜 중에도 처음 본 나와 대화를 나누려,
하던 일을 멈추고, 내가 묻는 말에 대답을 해주던
친절했던 직원들의 모습이 일 년이 지난 지금도
잔잔한 고마움으로 남아있다.

기분 좋은 날은 빵도 맛있게 나온다
-
즐겁게 일하기 위한 휴식

우리 집은 가난했다. 집안 형편이 너무 어려워 오랫동안 생활보장대상자로 나라에서 쌀과 보조금을 받았다. 이사를 꽤 다녔지만, 우리 집은 언제나 반지하 전세였고, 내가 고등학생일 때는 다섯 평도 안 되는 방 하나에서 네 가족이 살았던 적도 있다.

나에게 가난한 가정형편은 현실이었지 부끄러운 것이 아니었다. 하지만 불편했다. 화장실이 밖에 있거나, 문이 잠기지 않아 불안에 떨며 볼일을 봐야 했다. 짐을 놓을 공간도 없어, 책장을 벽에 걸고 책장 바로 밑에 머리를 두고 아슬아슬하게 잠을 잤다.

부모님께 불평하거나 조른다고 상황이 바뀐 적이 없었기에 투정 부리는 것 자체가 쓸데없는 일이라고 생각했다. 그저 내가 경제적인 활동을 할 수 있는, 아르바이트 할 수 있는 나이가 되길 간절히 기다렸다.

고등학교 2학년 때부터 아르바이트를 시작해서 서른 살이 될 때까지, 호주로 워킹홀리데이를 갔던 기간을 빼고는 일주일 이상 놀아본 적이 없다.

회사에 다닐 때도 주말이나 휴일에 다른 사람의 당직까지 대신 서고, 주말엔 용돈 벌이로 벼룩시장에 나가 이것저것 팔기도 하며 악착같이 돈을 벌었다.

당연히 가난에서 벗어나 부자가 되고 싶어 이렇게 돈을 벌고, 창업도 하고 싶어 한다고 생각했었다.

과거에 내가 일을 쉬지 않고 악착같이 했던 이유는 '돈'이라고 생각했었다. 고등학생 때는 집에서 옷을 사줄 형편이 되지 않아 내가 번 돈으로 옷을 사려고, 대학생 때는 등록금 낼 돈을 마련해야 해서, 회사 다닐 때는 보람이 없는 회사를 빨리 퇴사하려고 돈을 벌었다.

돈을 벌기 위한 일은, 단지 수단에 불과했기 때문에 즐거움과 보람, 흥미 등은 고려하지 않았다. 쉬거나 일하지 않는 것은 나에겐 사치라고 생각했었다.

아침 5시 반에 출근해서 저녁 8시 반 퇴근 할 때까지
판매, 제조, 청소를 혼자 하다 보니,
제대로 밥 먹을 시간도 없이 일했다.
하루 15시간을 일하고, 퇴근하면
나에게 남는 시간은 정말 씻고 잠만 잘 수 있는
시간이었기에 육체적으로 힘들었다.

내가 만든 음식을 다른 사람이 먹는 모습을 보면서 행복감을 느꼈기에 그게 내 직업이 되었으면 했다. 나의 아이디어가 바로 반영되려면 내 가게여야만 했다. 내가 하고 싶어 하는 일은 더는 돈을

벌기 위한 수단이 아니었다. 그렇게 쉬지 않고 돈 버는 것에 집착하던 내가, 창업의 꿈을 이룬 뒤 선뜻 주말과 공휴일을 쉬기로 하는 것을 보며, 스스로 마냥 신기하게 느껴졌다. 더는 쉬는 날까지 바쳐가며 악착같이 일하던 내가 아니었다.

물론 초반에 혼자 가게를 운영해서 근무시간이 너무 길었던 것도 하나의 이유였다. 아침 5시 반에 출근해서 저녁 8시 반 퇴근 할 때까지 판매, 제조, 청소를 혼자 하다 보니, 제대로 밥 먹을 시간도 없이 일했었다.

하루 15시간을 일하고, 퇴근하면 나에게 남는 시간은 정말 씻고 잠만 잘 수 있는 시간이었기에 육체적으로 힘들었다.

예전의 나였다면, 당연히 토요일에도 일하고 남을 사람이었다. 하지만, 몸이 힘이 드니 빵 만드는 것이 즐겁지 않았고, 그런 날은 '내가 하고 싶은 일'이 아닌 '돈을 벌기 위한 수단'이 되는 것 같았다.

내가 기분 좋은 날은 빵도 맛있게 잘 나온다. 반대인 경우는 빵도 마음에 들지 않게 나온다.

내가 좋아하는 일을 즐겁게, 기분 좋게 하고 싶었다. 그래서 가게 오픈 후 딱 석 달 간의 토요일 영업을 마지막으로 주말과 공휴일은 무조건 쉬는 것으로 정했다.

지금도 주말에 영업하는 줄 알고 방문한 손님들의 전화가 종종 온다. 특히 방송에 출연하고 나서는 주말에 수십 통이 왔다.

"멀리서 일부러 왔는데 문을 닫았네요."
"오늘 영업하시나요?"
"혹시 어제 남은 빵이라도 좀 파시면 안 될까요?"

방송 직후엔 평일에도 한두 시간씩 사람들이 줄을 서서 빵을 사 갔으니 주말에는 오죽할까 싶었다. 아마 많은 사람들이 가게에 왔다가 발길을 돌린 것 같다. 주말이 지나고 출근하면 주변 상인들, 동네 주민들이 우스갯소리로 말하길, 정말 많은 사람이 가게 앞에 와서 문 닫은 것을 보고는 망연자실해서 돌아갔다고 했다.

내가 기분 좋은 날은 빵도 맛있게 잘 나온다.
반대인 경우는 빵도 마음에 들지 않게 나온다.
내가 좋아하는 일을 즐겁게, 기분 좋게 하고 싶었다.
그래서 주말과 공휴일은 무조건 쉬는 것으로 정했다.

주말에 전화도 많이 와서 영업해야 할지 살짝 고민도 했었다. 하지만 초반에 결정한 그대로 아직 주말과 공휴일은 쉬는 것으로 지켜오고 있다.

손님들이 종종 불만을 토로하기에 양해의 말씀을 구하고, 왜 이렇게 결정하게 되었는지 최대한 설명해 드리려고 노력한다. 손님들이 공무원처럼 일하며 자주 쉰다고, 발길을 돌릴 것 같았지만 결과는 그렇지 않았다.

토요일에 문을 닫자, 신기하게도 금요일, 월요일에 손님이 많아졌고 매출이 올라갔다. 2월에 여행을 위해 한 달을 쉬자 여행가기 일주일 전과 돌아오고 난 후, 평소보다 더 많은 사람이 방문해 베이글을 사 갔다.

주관대로 운영하다 보면, 손님들도 자연스레 맞춰 준다는 것을 느꼈다. 중요한 것은 주관대로 운영은 하되 정해진 약속에서 벗어나서 갑자기 쉰다거나 하는 일은 절대로 없어야 한다는 것이다. 나 역시도 지난 3년간 단 한 번도 계획 없이 평일에 쉰다거나, 약속을 지키지 않은 적이 없었다.

아직은 운이 좋게도 급작스러운 일이 생기거나, 일을 못 할 정도로 아픈 적이 없었기에 가능한 것이기는 했지만, 가게를 하는 사람은 건강관리도 운영에 큰 부분을 차지하니 신경을 많이 써야 한다.

지금도 종종 토요일에 왜 안 하냐고 물어보는 손님에게 말한다.

"제가 쉬고, 즐겁게 일해야 맛있는 빵도 만들고 새로운 아이디어도 떠올라요"

주말과 1년에 한 달 왜 쉬어야 하는지 말씀드리면, 대부분의 손님은 오히려 기꺼이 쉬라고 하며 응원해준다. 어떤 사람들은 내게 말한다.

"벌 수 있을 때 바짝 벌어야지"
"잘 되던 사업도 언제 망할지 모르는 세상인데, 한 달씩 쉰다니 배부른 소리 한다."

나는 그렇게만 생각하지 않는다. 내가 쉬는 것을 잘 지켜가며 일하는 이유는, 좋아하는 일을 지치지 않고 즐겁게 오랫동안 하고 싶기 때문이다. 게다가 내가 즐겁게 일하는 것에 초점을 맞추고 일을 하다 보니, 돈은 내가 즐겁게 하면 할수록 자동으로 따라오는 시스템이 되어버렸다.

"좋아하는 일을 열심히 하다 보면, 자연스럽게 돈은 따라오게 되어있다는 말"

사실 나도 예전엔 이런 이야기를 믿지 않았었다. 나조차도 믿지 않았던 정말 꿈같은 일이 나에게 일어나고 있었다. 처음부터 오로지 돈이 목적이었다면 어땠을까? 아마도 히피스베이글은 지금과는 다른 모습으로 남아 있지 않았을까. 혹은, 내가 일을 하다 지쳐 번아웃이 오거나, 무리해서 일한 나머지 병을 얻었을 수도 있지 않았을까 싶다. 책이나 강연에서 자주 보아오던 '좋아하는 일을 해야 하는 이유', 내가 좋아하고 간절히 원했던 일, 히피스베이글을 시작하면서 그 이유를 자연스럽게 깨닫게 되었다.

쉬는 날, 맛있는 빵을 먹거나, 음식을 먹거나, 새로운 아이디어가 떠오를 때, 심지어 빵이 만들고 싶다는 생각까지 한다. 돈을 위한 수단으로 선택했던 일을 했을 때는 상상조차 하기 힘들었던 일에 대한 욕구가 쉬는 날에도 종종 떠오른다.

"아. 빵 만들고 싶다."

삶의 균형을 맞추기 위해 노력한다

—

내가 여행을 좋아하는 이유

여행할 때 무엇을 보고 어디를 갈지 속속들이 계획하지 않는다. 그리고 한 달을 여행하더라도 한 곳에서 많은 시간을 보내는 편이다. 여행지에 도착해 여유롭고 천천히 돌아보는 것을 좋아한다. 대부분 그곳에서 만나게 되는 사람들과 여행을 함께하거나 정보를 얻는 편이다.

서른에 했던 6개월의 장기 배낭여행에서 다양한 사람들을 많이 만났다. 나와 다른 경험을 하고 다른 나라에서 살아온 사람의 이야기를 듣는 것은 정말 흥미로웠다. 다른 환경에서 살아온 그 사람과 내가 비슷한 생각을 하고 산다는 걸 알게 되는 건 더 즐거운 일이었다. 아무래도 여행지에서 만난 사람들과 이야기를 나눌 때는 공감대 형성이 잘되는 것 같았다. 각자가 여행하며 즐겁게 지내고 있어, 마음이 여유롭고 너그러운 상태도 큰 몫을 하는 것 같았다.

여행 중에 이것저것 보는 것과 먹는 것도 좋았지만, 그곳에서 만난 사람들과의 이야기나 추억이 더 오래 남는다. 나에게 여행이란 나와 다른 새로운 사람을 만나는 기회의 장이었다.

서른에 일을 그만두고 떠난 인도에서 만난 사람 중에는 인도에 여러 번, 그것도 한 달 이상씩 장기로 여행을 온 사람들이 많았다. 그래도 직장이 있고 일을 하고 있다니 신기했다. 휴가 일수도 우리나라보다 많았고, 휴가를 붙여서 한 번에 쓸 수 있는 여건이 되는 사람도 많았다.

여행을 다니면서 만나는 한국 사람 중 한 달 이상씩 여행을 다니는 사람들 대부분은 직장을 그만두고 온 사람들이었다. 장기여행을 한 달 이상씩 해마다 다니면서도 직업을 유지하고 있는 외국인을 보며, '나도 저런 삶을 살아야겠다.'를 막연히 꿈꾸기 시작한 것이 이렇게 일 년에 한 달을 여행 다니는 현실이 되었다.

2년 전 히피스베이글을 오픈하고 처음 맞는 2월, 쿠바로 여행을 갔었다. 그때 쿠바 아바나 공항에 도착해 아바나 시내까지 함께 택시를 타고 간 것이 인연이 된 3명의 친구와 쿠바를 2주간 함께 여행했었다. 그중 독일에서 온 다니엘은 당시 4년째 여행 중이었다.

독일에서 직장을 다녔었는데 정말 스트레스가 많아 일이 끝나면 매일 술을 마시고, 토요일 저녁이 되면 월요병이 심하게 왔었다고 했다(외국인에게도 월요병이라니 세상 사는 것은 다 똑같구나 했다).

큰 결심을 하고 집과 모든 것을 정리하고, 그때부터 여행하기 시작했는데, 현재도 6년째 여행 중이다. 자신이 오로지 돈을 위해 일하는 돈의 노예라는 생각이 들었기에, 지금은 일 년에 2~3달 정도만 일하고, 번 돈으로 나머지 시간은 여행을 다닌다고 했다. 지금은 술도 잘 마시지 않고, 자기 자신의 삶을 진정으로 즐기고 있다고 했다.

다니엘은 "스스로 홈리스이기를 자처했지만, 지금이 정말 행복해"라고 말한다.

해마다 장기여행을 한 달 이상씩 다니면서도
직업을 유지하고 있는 외국인을 보며,
'나도 저런 삶을 살아야겠다'를 막연히
꿈꾸기 시작한 것이 이렇게 일 년에 한 달을
여행 다니는 현실이 되었다.

대부분의 직장인은 '사직서 내고 싶다', '그만두고 싶다'라는 말을 매일 내뱉으며, 스트레스에 시달린다. 하루하루를 회사에서 받은 스트레스를 풀기 위해 먹고 마시고 소비하며, 자신을 위로하고 견디는 사람들을 보면 너무나 안타깝다.

내가 견딜 수 없을 만큼 스트레스가 심하다면, 다른 방법을 찾아봐야 한다고 생각한다. 고통과 스트레스에 시달리면서도 다른 사람들도 다 참고 다니니 그냥 다녀야지 하며 스스로 주문을 걸어 감내하고 다니는 사람들은 생각보다 많다.

나와는 방법이 다르지만, 다니엘은 드물게 자신의 인생을 잘 즐기고 있는 것 같다. 지금도 종종 다니엘과 SNS로 이야기를 나누는데, "지금 하는 것은 여행이 아닌 내 라이프스타일이야. 아프리카든 미국이든 사람들은 다 똑같고, 사람 사는 것도 다 똑같아. 이제 세계 나라들은 각각 다른 나라가 아닌 하나의 나라처럼 느껴져." 라는 말을 듣는다.

나도 한 달을 여행하며 쉬지만, 나머지 11개월을 빡빡하게 일하다 보면, 뒤를 돌아볼 새도 없이 빠르게 시간이 지나가 버려 내가 잘 살고 있는 건지 의문이 들 때가 종종 있다.
그때마다 삶의 여유를 찾으라고, 일을 너무 많이 하지 말라고 잔소리(?)해주는 다니엘을 통해, 내가 이렇게 열심히 사는 이유를 생각한다. 내가 잘살고 있는지에 대해 생각해 볼 기회를 얻고, 내 삶의 균형을 맞추려고 노력한다.

이렇게 나는 여행을 하면서 만나는 사람들을 통해 나와는 다른 많은 것을 배우고, 느끼고 나 자신을 되돌아보는 시간을 갖기도 한다. 11개월은 대부분 일하는데 보내는 우물 안 개구리 같은 내 삶에 활기와 삶의 방향에 대해 각자의 삶의 방식을 나에게 보여주는 것만으로 나를 일깨워주는 고마운 사람들이다.

나에게 있어 여행은 그곳에서 마주하는 사람들을 통해 새로운 것들을 배우는 시간이다. 낯선 곳이 익숙해질 때까지 걷고, 전철을 타고, 밥을 먹으며, 새롭게 만난 사람과 익숙해지는 과정을 즐기는 것. 그것이 나의 여행, 내가 여행을 좋아하는 이유다.

말하는 대로, 꿈꾸는 대로 이뤄진다
—

꿈을 간절히 원하고 늘 생각하기

이십 대의 언젠가부터 '사람들이 내 이야기를 궁금해해서 많은 사람 앞에서 내 이야기를 하게 되는 날이 온다면 얼마나 좋을까?'라고 생각했었다.

정확한 시기는 기억나지 않지만, 그때가 아마도 대학생이거나 회사에 다니고 있을 때였던 것 같다. 특별할 것 없는 나에 대해 궁금해할 사람이 전혀 없을 것이라 생각했고, 당연히 그때는 해줄 만한 이야깃거리도 없었다. 그러던 나에게 히피스베이글을 오픈하고 1년도 안 되어 내 이야기를 할 수 있는 기회가 생겼다.

가게에 자주 오던 손님께서 '혹시 부탁을 좀 드려도 될까요?' 하셨다. 덕성여대 경영학과 교수라고 하며, 상세한 내용은 메일로 보내주겠다고 하였다. 내용인즉슨 나에게 마케팅 강의 1일 강사를 부탁하고 싶다는 거였다.

학교 주변에 요즘 인기가 많은 가게이기도 하고, 마케팅을 배우는 학생들에게 개인사업자의 대표로서 어떻게 창업을 준비했는지 마케팅의 4P(Product, Price, Place, Promotion)에 대해 히피스베이글을 준비한 과정을 바탕으로 이야기식으로 풀어서 설명하면 된다고 했다.

대학교 다닐 때 경영학 수업이 있어서 마케팅의 4P에 대해서 알고는 있었지만, 제안을 듣고는 선뜻 받아들일 수가 없었다. 나는 사람들 앞에 서서 발표하거나 프레젠테이션을 할 때 엄청나게 떠는 편이다. 대학생 때도, 회사에서 프레젠테이션할 때도 마치 염소가 말하는 것처럼 떨어서 내 떨림을 모두 느낄 정도였다.

또 학창시절에 공부를 안 했기도 하고, 전문대를 졸업한 내가 부족해 제대로 못 해서 실망하면 어쩌나 싶은 자격지심도 있었다. 생각할 시간을 좀 달라고 하고 한 일주일간 시도 때도 없이 고민했다.

결국 하겠다고 결정하고 답신을 보냈다. 내가 꿈꿔왔던 '나의 이야기를 궁금해하는 사람들 앞에서 나의 이야기를 하는 기회'였기 때문에, 이번 기회가 지나면 또 언제 올지 모르기에 한번 도전해 보겠다는 심정으로 결정했다.

"기회는 왔을 때 잡아야지!!"

주중에 하는 수업이라 아침에 가야 하는데 그 시간은 빵을 만들어야 하는 시간이었다. 수업을 위해 가게 영업을 안 할 수는 없었다. 새벽 두 시부터 가게에 나가 미리 빵을 만들어 놓고, 학교로 가서 강연했다.

태어나서 처음으로 많은 사람 앞에서 '나의 이야기'를 펼쳐놓는 날이었다. 약 한 시간 반 동안의 강의였는데 긴장한 탓인지 시간이 어떻게 지났는지 모르게 빨리 갔다.

마지막 학생의 질문에는 사전에 준비되지 않았던 내용이라 많이 버벅대고 뒤죽박죽 답변을 한 것 같아 미안했다.

다행히도 제안을 해주었던 교수님도 기대했던 것보다 많이 긴장하지 않고, 수월하게 진행된 것 같다는 말을 해주어 가슴을 쓸어내렸다.

아직도 그때를 생각하면 설레고 흥분되던 감정들이 떠오른다. 좋은 기회가 온 것이기도 했지만, 늘 꿈꿨던 순간이었기에 기회를 놓치지 않고 할 수 있었다는 생각이 들었다.

언젠가는 친구들에게 농담 삼아 '내가 나중에 잘 돼서 책 쓰면 네 이름 땡스 투에 넣어 줄게'라고 말한 적이 있었고, 친구들은 정말 콧방귀조차 뀌지 않았았다.

그땐 나도 사실 반신반의하며, 몇 번 친구들에게 농담으로 내뱉었었는데 계속하다 보니, 언젠가 '내 이야기를 책으로 쓰는 날이 온다면 얼마나 좋을까?'라는 생각이 들었고, 농담으로 뱉었던 한마디가 어느새 '언젠가 내가 정말 하고 싶은 일'이 되어 있었다.

히피스베이글을 하면서 '일 년에 한 달을 쉬어가는 것'에 대해 손님들은 관심이 많아 보였다.

"세상에서 제일 부럽게 사는 것 같아요."
"언니처럼 살고 싶어요"

처음엔 그저 관심의 표현 정도라고 생각했다.

하지만, 시간이 지날수록 내가 좋아하는 일을 하며, 내가 좋아하는 여행을 하기 위해 일을 쉬어가는 나의 라이프 스타일에 대해 점점 더 많은 사람들이 관심을 두는 것이 느껴졌다.

그때를 생각하면 설레고 흥분되던 감정들이
떠오른다. 좋은 기회가 온 것이기도 했지만,
늘 꿈꿨던 순간이었기에
기회를 놓치지 않았다는 생각이 들었다.

사람들의 관심을 점점 더 느끼게 되자, 어느새부턴가 꿈꿔오던 '책을 쓰고 싶다'가 계속 떠올랐고, 2017년 초에 '내 책을 내기'가 올해의 해야 할 일 리스트에 적혔다.

친구들에게 '이제 정말 땡쓰 투에 너의 이름을 써 주겠다.'라고 하니, '이런 날이 언젠가 올 수도 있겠다고 생각하긴 했는데 생각보다 너무 빠르네! 축하해!'라고 했다.

하고 싶은 것들이 생기면, '내가 과연 할 수 있는 일일까?' 생각해 보고, 사람들에게 일부러라도 더 말한다.

hippie's
bagel

'나 이거 할 거야'라고 말하고 '실없는 사람이 되지 않으려면 꼭 해야지'라는 생각이 든다. 처음에는 그저 하고 싶다는 생각에서 시작해, 많이 알릴수록 '진심으로 꼭 하고 싶다'고 마음이 커진다.

그렇게 해서 스물셋에 호주로 워킹홀리데이를 다녀왔고, 서른에 홀로 장기 배낭여행을 다녀왔다. 그 다음엔 베이글 가게를 열었고, 일 년에 한 달 온전히 여행하기를 했다.

물론, 어떤 것도 준비나 계획이 없다면 저절로 이뤄지는 경우는 거의 드물다. 하지만, 계획을 철저하게 세우지 않더라도 내가 하고 싶은 일을 꼭 해내야겠다는 마음의 준비가 되어 있다면, 시작은 그렇게 어렵지 않았던 것 같다.
그리고 우선 시작을 하면, 다음 것들은 자연스럽게 시간에 쫓겨서 또는 다음 단계로 나아가기 위해 자연스럽게 진행되었다.

지금도 여전히 하고 싶은 것이 생기면 '하고 싶다. 이런 계획이 있다'고 사람들에게 말한다. 여태 그래왔던 것처럼 자주 말할수록 이뤄질 가능성이 크고, 좀 더 이른 시일 내로 이뤄진다고 믿기 때문이다.
누가 알겠는가, 내가 하고 싶다고 계속 말하고 다니면 내가 하고 싶어 하는 일에 관심이 있던 누군가가 자연스럽게 나의 꿈에 관심을 가지고 나에게 뜻밖의 기회를 줄 수도 있으니.
말하고 시작하면, 언젠가 이룰 수 있을 것이다.

스물셋에 호주로 워킹홀리데이를 다녀왔고,
서른에 홀로 장기 배낭여행을 다녀왔고,
베이글 가게를 열었고,
일 년에 한 달 온전히 여행하기를 하고 있다.

ourmet
apeno

$1.95

Gourmet
Asiago

BEEF $3.99
POLISH SAUSAGE $4.69

Bagel D

Gourmet
Pesto

Everythin

et
san

Gourmet
Cheddar

Egg

un Dried Tomato

Blueberry

Garlic

Whole Wheat

| Thanks to |

"내 이야기를 쓰면서 가장 많이 등장한 나의 친구, 지선아! 예전부터 책을 쓰게 되면 너의 이름을 'Thanks to'에 적어준다고 했던 말이 이렇게 현실이 되었다. 너도 신기하겠지만 나 또한 정말 신기하다. 무수했던 나의 창업 아이디어를 들어주고, 질책하고, 웃어 주던 네가 있어, 난 마음껏 상상하고 펼칠 수 있었단다. 고맙다! 이지선!"

"없는 돈으로 창업하겠다는 친구를 늘 응원해주고, 용기를 주고, 필요할 때마다 도움 주는 김미라도 빼놓을 수가 없다. 고맙다."

"제주에서 쉬러 왔다가 서울의 한파 속에서도 친구 가게 셀프 인테리어 도와주느라 고생한 정명화야 그때는 정말 감동이었다. 고맙다."

"함께 히피스베이글을 이끌며, 나의 부족한 부분을 꼼꼼히 채워주고 있는 동생 김승환! 표현은 못 하지만 늘 고맙다. 앞으로도 지금처럼 도와가며 즐거운 일터를 만들어 보자."

"힘든 일도 마다치 않고 척척 해내는 왕언니, 종명 언니, 늘 밝고 에너지 넘치고 열심인 막내 수현 씨 정말 고마워요."

"가게의 크고 작은 것들을 도와주는 아버지, 어머니 항상 고마워요. 우리 모두 건강해요."

여행하는 빵 가게, 히피스베이글
오늘도 인생 한빵

펴낸날	초판1쇄 인쇄 2018년 07월 03일
	초판1쇄 발행 2018년 07월 12일
지은이	김민경
펴낸이	최병윤
펴낸곳	리얼북스
출판등록	2013년 7월 24일 제315-2013-000042호
주소	서울시 강서구 화곡로 58길 51, 301호
전화	02-334-4045
팩스	02-334-4046
이메일	sbdori@naver.com
종이	일문지업
인쇄	한길프린테크
제본	광우제책

ⓒ김민경

ISBN	979-11-86173-47-3 13320
가격	13,000원

「이 도서의 국립중앙도서관 출판예정도서목록(CIP)은 서지정보유통지원시스템 홈페이지
(http://seoji.nl.go.kr)와 국가자료공동목록시스템(http://www.nl.go.kr/kolisnet)에서 이용하실 수 있
습니다.(CIP제어번호: CIP2018020562)」